Staats- und sozialwissenschaftliche Forschungen

herausgegeben

von

Gustav Schmoller und **Max Sering.**

Dreiundzwanzigster Band. Drittes Heft.

(Der ganzen Reihe 108. Heft.)

Kumao Takaoka, Die innere Kolonisation Japans.

Leipzig,
Verlag von Duncker & Humblot.
1904.

Die

innere Kolonisation Japans.

Von

Dr. Kumao Takaoka
aus Sapporo Japan.

Leipzig,
Verlag von Duncker & Hmblot.
1904.

Seinem Bruder

dem Direktor der Kolonisationsabteilung

des

Hokkaido-Gouvernements

Dr. Naokiti Takaoka

in Dankbarkeit gewidmet.

Vorwort.

Im folgenden geht meine Absicht dahin, unsere innere Kolonisation eingehend zu besprechen, und zwar die Gründe, welche den Staat veranlaſsten, diese Kolonisation zu beginnen, die Art und Weise, in welcher sie durchgeführt wurde, und die Ergebnisse, welche sie gezeitigt hat.

Um dieses staatliche Unternehmen Japans verständlich zu machen, werde ich zunächst die geographische Lage der in Betracht kommenden Inseln, Hokkaido, kurz skizzieren, dann die innere Kolonisationspolitik geschichtlich nach sechs Perioden schildern, die gegenwärtige Periode etwas genauer untersuchen und zuletzt die Ergebnisse dieser groſsen staatlichen Aktion würdigen.

Die innere Kolonisation hat in jedem Falle eine nationale und volkswirtschaftliche Bedeutung und ist in der Tat eine Lösung der Agrarfrage im alten Teil Japans, welche mein hochverehrter Lehrer Prof. Dr. Inazo Nitobé in seiner Schrift „Über den japanischen Grundbesitz, dessen Verteilung und landwirtschaftliche Verwertung" im Jahre 1890 genau untersuchte. Er wollte damals, als letzten Abschnitt seines Werkes, die innere Kolonisation Japans schildern, aber aus Rücksicht auf seine Familie und auf seine eigene Gesundheit konnte er sein Ziel leider nicht erreichen. Meine Untersuchung bildet also eine Fortsetzung seiner Arbeit.

Der Verfasser spricht Herrn Prof. Dr. Schmoller und Herrn Prof. Dr. Sering seinen verbindlichsten Dank für die Unterstützung seiner Arbeit aus.

Berlin, den 12. Juni 1904.

Dr. Kumao Takaoka.

Mafse, Gewichte und Münzen in Japan.

Längenmafse.

1 Ri	=	36 Cho	=	3927,272	m,
1 Cho	=	60 Ken	=	109,090	m,
1 Ken	=	6 Shaku	=	1,818	m,
1 Shaku	=	10 Sun	=	0,303	m.

Flächenmafse.

1 Quadratri	=	1555,2 Cho	=	15,4235 qkm,				
1 Cho	=	10 Tan	=	100 See	=	3000 Tsubo	=	0,9917 ha,
1 Tsubo			=			3,3057 qkm.		

Hohlmafse.

1 Koku = 10 To = 100 Sho = 1000 Go = 180,39 l.

Münzen.

1 Yen = 100 Sen = 1000 Rin = 2,04 Mk.

Inhalt.

*

Erster Abschnitt.

Geographische Skizze.

Im nördlichen Teil Japans liegt von den fünf grofsen Inseln des Reiches die in Europa und Amerika unter dem Namen Jesso[1] bekannte; man nennt in Japan diese Insel (Hokuschiu, Jisschieu oder Honti) mit Chishima (Tausend-Inseln, Kurilen-Inseln) und anderen kleinen benachbarten Inseln zusammen Hokkaido (Nordsee-Strafse). Sie erstreckt sich vom Japanischen Meer bis zum Stillen Ozean zwischen dem 139° 20′ und 156° 35′ östlicher Länge und von der Tsugaru-Strafse bis zur grofsen Kurilen-Strafse zwischen dem 40° 21′ und 50° 57′ nördlicher Breite. Das Areal umfafst im ganzen 6095,36 Quadratri (1 Ri = 4 km); davon entfallen 5061,9 Quadratri auf Hokuschiu mit einigen kleinen Inseln, 1033,46 Quadratri auf die Kurilen-Inseln; die Länge der Seeküsten beträgt 628,51 Ri auf Hokuschiu und 613,21 Ri auf den Kurilen-Inseln. Dieses Gebiet umfafst 22,52 %, d. h. ungefähr 1/4 des ganzen Inselreiches, und ist ebenso grofs wie Kiuschiu, Shikoku, Taiwan (Formosa) und Hōko-Tō (Pescadores-Inseln) zusammen, oder etwas gröfser als Bulgarien, oder ungefähr dreimal so grofs wie Niederland. Trotz dieses grofsen Areals zählte man blofs 1 011 892 Einwohner im Jahre 1901; es kamen also 165 Einwohner auf 1 Quadratri, d. h. 10,3 pro Quadratkilometer, während die durchschnittliche Dichtigkeit der Bevölkerung in Japan im Jahre 1899 1716 war. Diese geringe Bevölkerungsdichtigkeit zeigt deutlich, ein wie grofses Inselgebiet zum überwiegenden Teil ganz unberührt von Menschen heute noch geblieben ist.

Das ganze Hokkaido ist gegenwärtig in 11 Provinzen geteilt, nämlich: Ishikari, Shiribeshi, Oshima, Iburi, Hidaka, Tokati, Kushiro, Nemuro, Kitami, Teshio und Chishima. Der Sitz der Regierung für diese Insel ist in Sapporo, deren Ein-

[1] Dieser Name wurde im Jahre 1869 durch kaiserliche Verordnung aufgehoben. Das japanische Wort „Jesso“ bedeutet die Barbaren. Da früher blofs die barbarischen Eingeborenen, sog. Ainus, auf dieser Insel wohnten, nannte man sie Jesso.

wohnerzahl im Jahre 1901 48720 betrug. Aufser Sapporo erwähnen wir hier als wichtige Städte Hakodate (84953 Einwohner), Otaru (71610), Muroran (6506) und Asahigawa (12730). Die ersten drei sind die Häfen für den auswärtigen Handel, während die letzte die Garnisonstadt ist. Aufser diesen haben noch fünf Städte mehr als 10000 Einwohner.

Da die warme Meeresströmung, die Kuro-Shiwo, auf die Insel fast gar keinen, höchstens auf den Südosten etwas Einflufs ausübt und zwei kalte Strafsen aus dem Norden an ihren beiden Seiten vorbeilaufen, so ist das Klima hier viel kälter als in anderen Teilen Japans. Obgleich Sapporo fast in derselben Länge wie Rom liegt, so können die Bewohner in dieser Stadt sich kaum die klimatischen Verhältnisse in jener vorstellen. Nach den meteorologischen Beobachtungen im Jahre 1902 war die maximale Temperatur in der Regierungshauptstadt 30,7° C. (am 28. Juli), die minimale —22,9° C. (am 31. Dezember) und die durchschnittliche 6,9° C. Dagegen war die maximale Temperatur in Tokio im Jahre 1901 35,1° C. (27. August), die minimale — 6,1° C. (18. und 26. Januar), und die durchschnittliche 13,6° C. Die durchschnittliche Temperatur in Sapporo ist demnach gerade die Hälfte von der in Tokio. Obwohl in Hokkaido die Tagestemperatur im Sommer zuweilen 30° C. übersteigt, so macht doch ein morgens und abends wehender kühler Seewind den Aufenthalt im ganzen recht angenehm. Seiner günstigen klimatischen Verhältnisse wegen ist es natürlich, dafs Hokkaido sich allmählich zu einem Sommerkurort herausbildet, sowohl für die Einheimischen wie auch für die Fremden im fernen Osten. Die Temperatur fällt plötzlich im Herbst, und Ende September sieht man manchmal den Frühfrost. Mitte November fällt meist schon der erste Schnee, mit dem man bis Anfang April zu rechnen hat; im Januar und Februar deckt der Schnee den Grund und Boden $^{1}/_{8}$—$1^{1}/_{5}$ m hoch. Dieser lang ausgedehnte Winter schränkt die Arbeitszeit im Freien für die Landwirtschaft sehr ein, nämlich von Ende April bis Mitte November, d. h. ungefähr 7 Monate. Die Hauptarbeit in der langen Winterszeit besteht gegenwärtig für den Landwirt darin, die Bäume für den Zweck der Urbarmachung zu fällen, sobald der Schnee im zeitigen Frühling ganz fest gefroren ist. Von diesen klimatischen Verhältnissen hängen die privat- und staatswirtschaftlichen Fragen ab, z. B. die landwirtschaftliche Arbeiterfrage, die Wahl der Kulturart des Bodens und der Kulturpflanzen, die Hausindustrie, ja der Inhalt und die Zweckmäfsigkeit der Landesgesetzgebung überhaupt. Welche Einflüsse auf unsere innere Kolonisation diese klimatischen Verhältnisse geübt haben und heute noch üben, werden wir in späteren Abschnitten betrachten.

Zweiter Abschnitt.

Die geschichtliche Darstellung der inneren Kolonisation.

Es wird zweckmäfsig sein, unsere innere Kolonisation geschichtlich darzustellen, um damit ihre gegenwärtigen Zustände wohl zu verstehen und einen richtigen Weg für die Kolonisationspolitik in Zukunft zu finden. Entsprechend diesem Zweck behandele ich unsere innere Kolonisation in folgenden vier Perioden, nämlich:

I. Die Periode der Vorherrschaft der Eingeborenen.

II. Die Periode der Verwaltung durch Lehnsfürsten (Daimiô) Matsumayé.

III. Die Periode der unmittelbaren Herrschaft der Dynastie Tokugawa.

IV. Die Periode des neuen Regimes.

Diese letzte Periode zerfällt wieder in drei Perioden:

1. Die Periode der Verwaltung durch das Kolonisationsgouvernement.
2. Die Periode der Verwaltung nach Regierungsbezirken.
3. Die Periode der Verwaltung durch das Hokkaidogouvernement, d. h. ihre gegenwärtige Periode.

Erstes Kapitel.

Die Periode der Vorherrschaft der Eingeborenen.

Bevor die Japaner auf den Inseln Hokkaido sich ansiedelten, fand man schon hier, wie die Indianer oder die Maoris in der Kolonisationsgeschichte von Nordamerika bezw. von Neu-Seeland, Eingeborene, welche unter dem Namen Ainu bekannt sind. Wie damals, so sind diese auch jetzt noch, wie der alte Name der Insel Hokushiu wohl zeigt, ein roher und barbarischer Stamm, ein ganz anderer als der japanische. Sie treiben nur Fischerei und Jagd und haben keine Kenntnisse vom Ackerbau. Diese Barbaren waren früher sehr mächtig und besafsen den nördlichen Teil von Honshiu, ja bis nahe an die jetzige Haupt- und Residenzstadt des Inselreiches. Dafs die japanische Regierung in alter Zeit gegen die Aufstände und das Eindringen dieser Barbaren mehrmals ihre Truppenmacht aufbieten mufste, zeigt unsere Geschichte. Infolge der Vermehrung der Bevölkerung in Honshiu und des Fortschreitens der Ansiedelung der Japaner von Süden nach Norden wurden die Ainus gezwungen, sich nach und nach von Honshiu ganz zurückzuziehen und sich schliefslich auf Hokkaido zu beschränken. Nach den anthropologischen Forschungen wohnte hier vor den Ainus noch ein anderer Stamm, der nach heftigen Kämpfen durch jene seinen Untergang fand. Nach den wissenschaftlich allerdings noch nicht allgemein anerkannten Untersuchungen einiger japanischer Gelehrten sollen diese Barbaren mit den jetzigen Eskimos verwandt sein. Es kann hier nicht meine Aufgabe sein, auf diese anthropologische Streitfrage näher einzugehen.

Wann die Japaner tatsächlich zum ersten Male nach Jesso hinübergingen, läfst sich aus unserer Geschichte nicht klar nachweisen. Die erste Erwähnung dieser Frage finden wir im 12. Jahrhundert. Danach suchten viele Generale und Soldaten von Fujiwara Yasuhira, als er im Jahre 1189 von Minamoto Yoritomo, dem Begründer des Feudalismus in Japan, besiegt wurde, ihre Zuflucht hier in Jesso. Aber in Anbetracht der relativen örtlichen Nähe ist wohl anzunehmen, dafs die Leute im nördlichen Teil von Honshiu in noch früherer Zeit mit kleinen Kähnen wagten, die unbekannte Insel aufzusuchen oder sich dort anzusiedeln, um Fischerei zu treiben, oder um mit den Eingeborenen die Waren umzutauschen, oder dafs sich die Leute, welche im Bürgerkriege unterlegen waren, auf diese Insel flüchteten, wie es mit den Untertanen von Fujiwara Yasuhira der Fall war.

Vor der Begründung des Feudalismus (im Jahre 1192) bis zum Anfang der Herrschaft der Dynastie Tokugawa (Anfang des 17. Jahrhunderts) regierten tatsächlich verschiedene Familien, wie Minamoto, Hōjō, Ashikaga, Oda, Toyotomi, längere oder kürzere Zeit über ganz Japan, obgleich die Kaiser als die einzigen wahren Herrscher und Herren des Landes galten. Ein Bürgerkrieg folgte dem anderen, so dafs man fast drei Jahrhunderte hindurch kaum einen Frieden genofs.

Wie konnte sich der Staat in dieser unruhigen Zeit um die Kolonisation von Jesso kümmern? Die erste Kolonisationspolitik des Staates, so weit unsere Geschichte zeigt, war die, dafs die Regierung unter der Herrschaft der Minamoto im Jahre 1234 die politischen Verbrecher zur Strafe auf diese Insel verbannte. Aber diese Verbannten lebten nicht gefesselt in Gefängnissen, sondern man liefs ihnen volle Bewegungsfreiheit; ihre Nachkommen bauten später eigene Burgen in verschiedenen

Gegenden und rissen die Herrschaft und Macht über kleine Gebiete der Insel an sich. In der Zwischenzeit flüchteten die Anhänger der Taira, dem der Minamoto vorhergehenden Herrscher, und die anderen, welche mit der Politik der herrschenden Regierung nicht zufrieden waren, auf diese Insel. Infolge der Vermehrung der japanischen Bevölkerung wurden die Beziehungen zwischen jenem Volke und den Eingeborenen auf der Insel ziemlich gespannt, obgleich der gröfsere Teil der Einwohner damals noch aus den Eingeborenen bestand. Ruhe und Ordnung konnten daher nicht bestehen. Diese Zustände gaben der Regierung zu Kamakura einen Anlafs, die Verwaltung der Inseln der Familie Ando in Tsugaru mit ihrem bisherigen Lehnsgebiet zusammen zu überlassen. Das war im 14. Jahrhundert. Unter der Verwaltung von Ando griff auf der Insel in gewissem Mafse Ordnung Platz, aber man sieht noch keine ordentliche Ansiedelung. In der Zeit der Ashikaga-Dynastie wurde Ando im Jahre 1428 von Nambu, dem benachbarten Lehnsfürsten, besiegt und verlor sein ganzes Fürstentum in Honshiu, so dafs er mit seinen Untertanen nach Jesso fliehen mufste. Hier setzte er seine Verwaltung der Insel weiter fort. Aber im Jahre 1457 brach gegen Ando ein grofser Aufstand der Eingeborenen aus. Dieser war so umfangreich und furchtbar, dafs alle Japaner, welche in verschiedenen Teilen der Inseln sich angesiedelt hatten, nach Oshima, der südlichen Provinz, zurückkamen, und selbst die Burgen um diese Provinz herum von den Ainus gänzlich zerstört wurden. Diese Zeit war so kritisch, dafs man auf dieser Insel keinen Japaner mehr sehen konnte.

Erst Nobuhiro Takeda, der Vorfahre des Daimiô Matsumayé, machte diesen Kämpfen mit den Ainus ein Ende und brachte der Insel wieder Frieden. Wegen dieser und anderer ähnlicher Verdienste wurde die Familie Matsumayé zum Lehnsfürsten der ganzen Insel ernannt, womit wir nun in die zweite Periode unserer geschichtlichen Betrachtung eintreten.

Zweites Kapitel.

Die Periode der Verwaltung durch die Lehnsfürsten Matsumayé.

Die Verwaltung von Jesso durch die Matsumayé zerfällt wieder in zwei Perioden, in die vom Jahre 1590—1798 und die vom Jahre 1821—1855; im ganzen dauerte diese Verwaltung also 242 Jahre. In die Zwischenzeit fiel die lehnsunmittelbare Herrschaft durch die Dynastie Tokugawa, worüber wir im nächsten Kapitel reden werden. Um die Verwaltungspolitik der Matsumayé richtig zu verstehen, mufs man sich zunächst über die damaligen politischen, sozialen und wirtschaftlichen Zustände in Japan überhaupt klar sein; es wird daher zweckmäfsig sein, mit einigen Worten auf sie einzugehen.

Wie wir schon im vorigen Kapitel sahen, bedeckte eine finstere Wolke von der Begründung des Feudalismus bis zum Anfang des 17. Jahrhunderts fast ohne Unterbrechung das ganze Inselreich. Erst mit dem Auftreten Iyeyasus, des Begründers der Tokugawa-Dynastie, der letzten, hörten die Bürgerkriege auf. Iyeyasu war ein weitblickender Mann. Er teilte unter die etwa 260 Daimiôs (Lehnsfürsten) das ganze Land in der Weise, dafs sie sich gegenseitig kontrollieren und die Shoguns dadurch recht leicht herrschen konnten. Der Feudalismus Japans gelangte in dieser Blütezeit zu seiner Vollendung. Das Volk teilte sich damals in vier Stände, nämlich: „Shi“ oder „Samurai“ (Krieger), „Nō“ oder „Hyokushō“ (Bauern), „Kō“ (Handwerker) und „Shō“ oder „Akindo“ (Kaufleute). Die Samurai waren in jedem Lehnsfürstentum sowohl für die Militär- wie auch für die Zivildienste verpflichtet. Diese Klasse war und ist heute noch die Hauptquelle, die „Seele Japans“, obgleich die Samurai heute keine besonderen Vorrechte geniefsen. Es war ein Stolz der Daimiôs, möglichst viele Samurai unter sich zu haben. Mit ihren Angehörigen betrug ihre Zahl im ganzen ungefähr 2 Millionen.

Die zweite Klasse der Bevölkerung bildeten die Bauern. Die damalige Wirtschaft war noch hauptsächlich eine Naturalwirtschaft, und der Reis spielte eine wichtige Rolle sowohl für die Finanz- wie auch für die Privatwirtschaft. Der Hauptteil der Steuer bestand in fast allen Lehnsfürstentümern aus Reis, der auch die Besoldung der Samurai bildete.

Als die Hauptsteuerträger stand die Bauernklasse in geringerem sozialen Ansehen als die anderen zwei Stände, Kō und Shō. Obgleich die Daimiôs einerseits unter der Herrschaft des Shogun Tokugawa ganz gehorsam waren, konnten sie doch andererseits ihre Daimiates frei regieren, wie sie wollten, soweit es nicht den allgemeinen Frieden störte. Sie erstrebten naturgemäfs, ihre Lehnsfürstentümer wirtschaftlich und auch militärisch von anderen möglichst unabhängig zu machen. Kurz, die Lehnsfürstentümer waren „die Staaten im Staat“. Die Macht und Tugend der Daimiôs, die treue Haltung der Untertanen, die Unvollkommenheit des Verkehrswesens, die Beschränkung der Freizügigkeit, die Unkenntnisse der anderen Gegenden, der allgemeine Frieden, die Ermattung nach den langen Kriegen, — alles genügende Momente, um die Leute an ihre Heimat zu fesseln.

Wie verwalteten die Lehnsfürsten Matsumayé ganz Jesso unter solchen politischen, sozialen und wirtschaftlichen Verhältnissen? Da die Inseln von der Hauptstadt Jedo (jetziges Tokio) zu weit entfernt, die Einwohnerzahl noch sehr gering, die geographische Lage, die Produktivität, ja die Kenntnisse von Jesso überhaupt ganz wenig verbreitet waren, so spielte Jesso zunächst in der Politik der Tokugawa nur eine unbedeutende Rolle. Die Dynastie überliefs die Verwaltung gänzlich den Händen des Daimiô Matsumayé und kümmerte sich wenig darum. Selbst den Matsumayé waren die Zustände ihres Lehnsgebietes nicht sehr bekannt. Wie wir im vorhergehenden Kapitel geschildert haben, stammte der Gründer dieser Familie nicht aus Jesso, sondern aus einer Provinz in Honshiu. Mit ihm siedelten sich die früheren Untertanen hier an und dienten ihm und seinem Nachfolger als unmittelbare treue Untertanen. Aufser ihnen begaben sich noch die anderen Japaner, welche vorher schon auf den Inseln wohnten, unter die Herrschaft dieser Familie. Aber zweifelsohne bildeten die Japaner nur den kleinen Teil der Einwohner aller Inseln, während deren Mehrheit die Eingeborenen ausmachten. Die japanischen Untertanen beschränkten sich auf die südlichen Provinzen und zerfielen in dieselben vier Klassen wie in den anderen Lehnsfürstentümern. Die Eingeborenen standen auch unter der Verwaltung der Matsumayé, aber genossen keineswegs dieselben Rechte wie die Japaner. Ihre Hauptbeschäftigung bestand in Fischerei und Jagd. Die Fischerei bildete die Grundlage, sowohl der Finanz der Matsumayé, als auch des Wohlstandes ihrer Untertanen überhaupt. Der Fischfang erstreckte sich im Frühling auf Hering und Stockfisch, im Sommer auf den Hecht und auf das Einsammeln der Laminaria, im Herbst dagegen wurde vorzugsweise Lachsfang getrieben. Diese Seeprodukte bildeten die einzigen Ausfuhrwaren aus dem Fürstentum der Matsumayé. Obgleich das Hauptnahrungsmittel des Volkes der Reis war, obgleich ein grofses, fruchtbares Land vor ihren Augen ausgebreitet lag, bestrebten sich die Matsumayé nicht, die Urbarmachung und den Ackerbau in ihrem Lehnsfürstentum zu fördern, ja im Gegenteil verhinderten sie auf alle mögliche Weise die Ausbreitung dieses Zweiges wirtschaftlicher Tätigkeit. Diese kurzsichtige Politik bestand in folgendem:

1. Die Matsumayé fürchteten, ihr Lehnsfürstentum zu verlieren, wenn sie durch Urbarmachung und Ackerbau die von der Natur gegebenen Reichtümer erschlössen, weil die Shogun Tokugawa ihr Augenmerk auf diesen Schatz lenken und ihn an sich nehmen würden.
2. Die Kaufleute in Jesso waren gegen die Förderung des Ackerbaues, weil sie nach ihrer Meinung durch diese Politik die Gewinne, welche sie aus dem Umtausch von Reis und Seeprodukten erzielten, verlieren würden. Endlich

3. da die Matsumayé infolge der langen Kämpfe gegen die Ainus schon müde waren, so wollten sie die Ainus möglichst in Ruhe lassen.

In der Tat bildete das Fürstentum der Matsumayé einen geschlossenen Fischereistaat. Der Umstand, dafs der Ackerbau, insbesondere die Reiskultur, in Jesso sich nicht entwickelte, und dafs die Fischerei ein Haupterwerbszweig war, gab den Matsumayé Veranlassung zu einer eigentümlichen Verwaltungspolitik. In den übrigen Lehnsfürstentümern stellten die Daimiôs den Samurai ihr Ackerland zuweilen mit Wiesen, Weiden oder auch mit Waldland zur Verfügung, und diese verpachteten ihrerseits das Land wieder den Bauern meistens gegen Reisrente.

Aber bei den Matsumayé war die Sache etwas anders. Einen Teil ihres Landes behielten die Matsumayé für sich selbst und den anderen Teil verteilten sie nach und nach an ihre Untertanen. Dieses abgegebene Land bestand hauptsächlich aus den Seeküsten und nicht aus dem Ackerland.

Der Daimiô und die Samurai verpachteten ihren Besitz den Kaufleuten gegen Geld- oder Seeproduktenrente, anstatt an die Bauern gegen Reisrente, wie es bei anderen Lehnsfürstentümern der Fall war. Die Verpachtung fand fast in einer Art öffentlicher Versteigerung statt. Diejenigen, welche die höchste Rente boten, erwarben das Benutzungsrecht des Landes. Pächter oder Kaufleute richteten ihre Bureaus in den Pachtbezirken ein, in welchen ein oder mehrere Verwalter für sie beschäftigt waren, mit den Eingeborenen, welche an den Seeküsten Fischerei trieben, die fast wertlosen Waren gegen die Seeprodukte umzutauschen. In der späteren Zeit fingen die Pächter selbst an, Fischerei zu treiben, die Eingeborenen als Arbeiter benutzend. In welcher Weise dieser Umtausch stattfand, wie die Pächter die Eingeborenen behandelten, kann man sich vorstellen, wenn man bedenkt, dafs dieses alles in einer Gegend geschah, in welcher die Obrigkeit keinen Einflufs ausübte, keine Polizei- oder Militärgewalt herrschte und auch kein Mitbewerber vorhanden war. Sombart sagt mit Recht: „Wenn ein weitentwickeltes Volk mit den niedrigstehenden zusammentrifft, treibt man soi-disant Handel mit einem kunstvollen Verfahren, wehrlosen Völkerschaften mit List und Gewalt auf dem Wege einer scheinbar freiwilligen Tauschhandlung möglichst unentgeltlich Wertobjekte abzunehmen." [1]

Auf diese Weise ernteten die Kaufleute einen ungeheuren Gewinn. Die Geldrente, welche die Pächter dem Daimiô und den Samurai lieferten, betrug jährlich 60000 Ryō (1 Ryō = 4 Mk.).

---

[1] Sombart, Der moderne Kapitalismus, Bd. I S. 326.

Da die Fischerei die Grundlage der Finanzen der Matsumayé und den Eckstein des Wohlstandes ihrer Untertanen bildeten, und da die Eingeborenen die Hauptunternehmer dieses Gewerbes waren, so wäre es für einen vernünftigen Lehnsfürsten selbstverständlich gewesen, für das Gedeihen der Ainus und für die Entwickelung und Verbesserung der Fischerei tatkräftig einzutreten. Aber die Matsumayé führten eine ganz verkehrte Politik durch. Sie teilten ganz Jesso in zwei Bezirke: einen für die Japaner und den anderen für die Eingeborenen. Jener umfaſste die südlichen Gebiete der Inseln. Es war den japanischen Untertanen streng verboten, in den Bezirken der Ainus sich anzusiedeln, mit Ausnahme der Kaufleute, d. h. der Pächter und ihrer Verwalter. Selbst der zeitweise Aufenthalt der japanischen Arbeiter in dem zweiten Bezirk, um dort zu arbeiten und nicht um sich anzusiedeln, war durch ein Gebührensystem erschwert. Die Gebühr betrug 600 Mon (1,20 Mk.) für die Männer und 300 Mon (60 Pf.) für die Frauen. Die Matsumayé beabsichtigten auf diese Weise den Verkehr zwischen den beiden Stämmen möglichst zu verhindern. Auſserdem verboten sie, den Eingeborenen Getreidesamen abzulassen, so daſs diese nur Fischerei weiter betreiben und sich nicht mit dem Ackerbau beschäftigen konnten. Kurz, es war gesetzlich, ja bei Strafe streng verboten, die Eingeborenen für die japanische Kultur zu gewinnen, so daſs diese immer auf niedriger Kulturstufe blieben und von den Lehnsfürsten leicht regiert werden konnten.

Wenn man sich einmal verläuft, so ist es ziemlich schwer, den richtigen Weg wiederzufinden. Zunächst irrten sich die Matsumayé in bezug auf ihre Agrarpolitik und dann weiter in bezug auf die Eingeborenenpolitik. Es ist kein Wunder, daſs die Matsumayé wieder in ihrer Kolonisationspolitik einen neuen Fehler machten. Auf der einen Seite breitete sich ein groſser jungfräulicher Boden vor ihren Augen aus, und andererseits waren die Seeküsten reich an Seeprodukten. Je mehr Arbeitskräfte sich hier befanden, desto mehr konnte die Produktion steigen. Aber die Matsumayé verhinderten durch verschiedene Maſsregeln die Vermehrung der Bevölkerung in ihrem Gebiet überhaupt, anstatt die Lostrennung der Japaner von den anderen Lehnsfürstentümern zu fördern. Wenn z. B. Arbeiter aus anderen Daimiates den Winter hindurch hier wohnen wollten, muſsten sie eine bestimmte Gebühr bezahlen, und für den Aufenthalt von Januar bis Mai wenigstens die Hälfte. Ebenso wurde dieselbe Forderung an die Reisenden, die den Winter hindurch hier waren, gestellt.

Auſserdem bauten die Matsumayé Wachttürme in drei groſsen Häfen, wo die Beamten die Schiffe aus den anderen

Lehnsfürstentümern daraufhin zu untersuchen hatten, ob Samurai an Bord waren. Diese wurden, ohne das Land betreten zu dürfen, sofort nach ihrer Heimat zurückgeschickt. Es ist selbstverständlich, dafs die Bevölkerung infolge dieser Politik sich nicht viel vermehrte. Nach einer Schätzung betrug die Kopfzahl der japanischen Einwohner im Jahre 1700 20 086 Seelen, darunter die Reisenden und Arbeiter aus den anderen Daimiates 2303; die japanischen Untertanen der Matsumayé waren 17 783. Dagegen rechnete man die japanische Bevölkerung im Jahre 1770 auf 26 604 Seelen. In 70 Jahren nahm die Kopfzahl also nur um 6518, d. h. 32 %, zu. In bezug auf die Zahl der damaligen Eingeborenen kennen wir eine kurze Beschreibung in der früheren Literatur, aus dieser wie auch aus späteren Erhebungen können wir entnehmen, dafs die Zahl der Eingeborenen um 20 000 schwankte. Wir werden demnach die Gesamtbevölkerung in Jesso am Ende des 18. Jahrhunderts auf 50 000 Seelen schätzen können.

Eine wichtige Frage hierbei ist die, warum die Matsumayé trotz der günstigen Verhältnisse hinsichtlich der Landwirtschaft und Fischereiproduktion, trotz der Notwendigkeit, die Bevölkerung unter ihrer Herrschaft möglichst stark zu vermehren, eine solche negative Kolonisationspolitik getrieben haben? Diese Politik war allerdings eine notwendige Folge ihrer falschen Agrarpolitik. In ihrer Kolonisationspolitik gingen die Matsumayé von dem Gedanken aus, dafs, wenn die Bewohner in ihrem Lehnsfürstentum zunähmen, dies Anlafs zur Preissteigerung des Reises geben würde, so dafs die Untertanen dadurch wirtschaftlich Schaden leiden mufsten. Wenn wir die Agrarpolitik der Matsumayé als richtig voraussetzen, so sind die Grundgedanken der Kolonisationspolitik nicht ganz falsch. Die Matsumayé verhinderten sogar den Fortschritt des Ackerbaues in ihrem Lehnsfürstentum, so dafs die Einwohner ihre Haupternährung durch die Einfuhr aus den anderen Lehnsfürstentümern befriedigen mufsten. Aber vor zwei Jahrhunderten, ja selbst vor zwei Menschenaltern war das Verkehrswesen in Japan noch sehr unvollkommen. Man kannte damals nicht die Verwendung der Dampfkraft im Schiffsverkehr. Als das einzige Verkehrsmittel auf der See benutzte man die Segelschiffe. Selbst die Gröfse dieser primitiven Schiffe beschränkte die Regierung der Tokugawa durch ein Gesetz auf einen bestimmten Tonnengehalt. Es war nicht selten, dafs der Verkehr zwischen Jesso und den anderen Lehnsfürstentümern wegen des schlechten Wetters, besonders im Winter, unterbrochen wurde und man lange Zeit keinen Reis einfahren konnte, so dafs eine Hungersnot zuweilen eintrat. Aufserdem bestrebte sich jedes Daimiate, von den anderen wirtschaftlich sich unabhängig zu machen. Zu diesem Zweck richteten die Lehnsfürsten in ihren Lehnsbezirken Getreidemagazine ein, in welchen man den überschüssigen Reis in einem guten Erntejahr für die etwaigen Mifserntejahre bewahrte; blieb dann noch etwas übrig, so erhielt man die Erlaubnis, es auszuführen. Man kann sich wohl vorstellen, wie schwer es unter solchen politischen und wirtschaftlichen Verhältnissen war, eine positive Kolonialpolitik ohne die Hilfe der entsprechenden positiven Agrarpolitik durchzuführen. So lange die Matsumayé als Lehnsfürsten, ohne etwas Besonderes zu tun, existieren konnten, so lange ganz Japan gegen die Aufsenwelt abgeschlossen war und sich innerlich in friedlichem Zustande befand, so lange Japan und auch die Matsumayé keine äufseren Feinde fanden, konnten sie diese negative Agrar-, Eingeborenen- und Kolonialpolitik weiter führen. Aber wenn ein politisches oder wirtschaftliches Gewitter einmal ausbrechen sollte, so ist es fast unmöglich, mit solcher negativen Politik den Fahrweg ohne die Gefahr eines Schiffbruches richtig zu fahren. Und in der Tat wurden infolge eines solchen Gewitters die Matsumayé gezwungen, ihr Lehnsfürstentum den Shoguns zurückzugeben, so dafs dadurch alle Inseln unter die lehnsunmittelbare Herrschaft der Shoguns kamen. Was für ein Gewitter eintrat und wie die Tokugawa diese innere Kolonisation durchführten, werden wir in der dritten Periode unserer inneren Kolonisation sehen.

Drittes Kapitel.

Die Periode der lehnsunmittelbaren Herrschaft der Dynastie Tokugawa.

Während das ganze Land im Frieden sich befand, während das Volk wie ein Schlafender lange Zeit dahinträumte, zog ein Gewitter von Norden herauf. Schon seit dem Anfang des 18. Jahrhunderts suchten die russischen Schiffe die Kurilen und die Insel Sachalin auf und kamen sogar bis zur Stadt Matsumayé (jetzige Fukuyama). Die Russen bauten Kirchen, errichteten Kreuze auf den Strafsen und bereiteten sich zu dauerndem Besitz vor. Sie trieben mit den Eingeborenen einen Warenaustausch. In richtiger Erkenntnis dieser Gefahr vertrieben die Tokugawa und die Matsumayé auch diese Fremden aus dem Land. Aber die Gefahr verminderte sich nicht, sondern bedrohte immer stärker das Land. Hiergegen erfolgreich anzukämpfen, war das Lehnsfürstentum der Matsumayé zu klein und zu schwach, ihr Heer zu wenig zahlreich; die Regierung der Tokugawa entschloss sich deshalb, die östliche Hälfte der Insel, als die gefährlichere, im Jahre 1789 und die westlichere im Jahre 1807 an sich zurückzunehmen. Diese Herrschaft dauerte bis zum Jahre 1855. Die Politik der Tokugawa in bezug auf Jesso zerfiel in drei Teile; nämlich:

1. Die Verwaltnng der Eingeborenen mit Liebe und Gewalt,
2. Die Verstärkung der Verteidigung der Insel und
3. Die Urbarmachung des Landes.

I. Wie schon bemerkt, litten die Eingeborenen unter der falschen und inhumanen Politik der Matsumayé. Aber als die Tokugawa die Verwaltung der Insel übernahmen, schlugen sie den Eingeborenen gegenüber eine Versöhnungspolitik ein, in der richtigen Erwägung, dafs die Eingeborenen gerne jede Gelegenheit benutzen würden, mit Hilfe des Auslandes das harte Joch der bisherigen Herrscher von sich abzuschütteln. Von diesem richtigen Gedanken aus, wie gesagt, veränderte die Regierung der Tokugawa die Eingeborenenpolitik ihrer Vorgänger. Sie hob zwar das Verbot der Unterweisung der Eingeborenen in der japanischen Sprache auf, gestattete aber offiziell den Japanern das Erlernen der Ainussprache nicht. Im übrigen versorgte die neue Regierung die Eingeborenen, welche japanische Sitte annehmen wollten, mit Kleidung und Wohnung, gab den Kranken unentgeltlich Arznei, predigte ihnen das japanische Moralprinzip, schenkte ihnen die Fischereigeräte und förderte in verschiedenen Richtungen diesen Erwerbszweig, bemühte sich möglichst, diesen Stamm in die japanische Kultur hineinzuziehen, kurz das Ziel dieser Politik war „die Japanisierung des Stammes“.

II. Um die Verteidigungskräfte der Insel zu verstärken, entsandte die Regierung die Lehnsfürsten Tsugaru und Nanbu mit ihren Heeren auf die Insel.

III. Infolge der klugen Politik kamen die Eingeborenen unter die tatsächliche Herrschaft der Dynastie der Tokugawa und wurden ihnen gehorsam. Die dritte Frage war die, wie man die Urbarmachung des Landes fördern und seine natürlichen Hilfsquellen ausnutzen könnte?

Um diesen Zweck zu erreichen, suchten die Tokugawa Japaner aus anderen Teilen Japans zur Ansiedelung zu bewegen und zwar zunächst auf der Insel Etoro, wo die Gefahr von aufsen am meisten drohte. Man baute ferner Heeresstrafsen in den östlichen Gebieten von Hokuschiu, besorgte Reitpferde an verschiedenen Punkten der Hauptverkehrsstrafsen, förderte den Ackerbau, besonders im südlichen Teil, auch Vieh- und Pferdezucht usw. usw.

Um die Ausgaben für diese und andere Verwaltungen in Jesso zu decken, gab die Regierung aufser dem ganzen Einkommen aus den Inseln noch jährlich 50000 Ryo (200000 Mk.) Zuschufs. Es war eine grofse Summe im Verhältnis zu der damaligen finanziellen Leistungsfähigkeit der Tokugawa. Trotz der Mühe und Bestrebungen der Tokugawa kamen die Urbarmachung und Ansiedelung wegen der politischen, wirtschaftlichen, sozialen und natürlichen Hindernisse nur in sehr langsamem Tempo vorwärts. Die Zahl der Ansiedler und der Ackerbaubetrieb vermehrten sich nicht viel. Einige Kolonisten zerstreuten sich wieder hierhin und dorthin, und das zurückgelassene Ackerland wurde wieder wüst und öde wie früher. Trotz alledem aber ist es zweifellos, dafs die Ansiedelung im grofsen und ganzen in dieser Periode mehr oder weniger fortgeschritten ist.

Wenn die Tokugawa ohne Unterbrechung ihre zielbewufste, lehnsunmittelbare Herrschaft über die Inseln noch weiter fortgesetzt hätten, so würde die Kolonisation einen weit bedeutenderen Fortschritt gemacht haben. Aber leider gaben die Tokugawa diese Inseln im Jahre 1821 den Lehnsfürsten Matsumayé wieder, weil sie ihre Mission, die Kolonisation und die Verteidigung der Inseln, schon in gewissem Mafse als vollbracht ansahen, und die Familie der Matsumayé mehrere Jahrhunderte hindurch dieses zur Urbarmachung geeignete Land verwaltet hatte.

Wie die Matsumayé in dieser Zeit ihre Kolonisationspolitik durchführten, haben wir schon im vorigen Kapitel genau gesehen. Während dieser zweiten Periode der Verwaltung der Matsumayé verwandelte sich die Friedenszeit in Japan, welche man seit dem Auftreten Iyeyasus dreihundert Jahre lang verlebt hatte, in eine kritische Zeit. Von aufsen kamen die amerikanischen und europäischen Mächte mit ihren Flotten in die Nähe von Jedo und verlangten von der Regierung die Öffnung der Häfen für den auswärtigen Handel. Im Innern wurde die Einigkeit der führenden Staatsmänner durch Meinungsverschiedenheiten untergraben. Trotz des starken Widerstandes des Volkes schlofs die Regierung der Tokugawa endlich die Handelsverträge mit den fremden Mächten und öffnete einige Häfen dem auswärtigen Handel, von denen einer Hakodate war. Die Tokugawa ernannten in Hakodate Gouverneure, um die Handels- und politischen Angelegenheiten mit den Ausländern zu verhandeln. Eine Quelle zu steten Streitigkeiten zwischen Japan und Rufsland gab die noch nicht regulierte Grenze auf der Insel Sachalin und den Kurilen. Aus diesen oder jenen Gründen richtete die Regierung ihr Augenmerk wieder auf die Verstärkung der Verteidigung der Inseln. Da die Macht der Matsumayé den Fremden gegenüber zu schwach war und es auch fraglich war, ob, wenn die Regierung die Inseln in die Hände der mächtigeren und gröfseren Lehnsfürsten gäbe, sich diese dann auch mit dem Nachbarland gut verstehen würden, so übernahmen die Tokugawa die Herrschaft über alle Inseln wieder.

Ihre Verteidigungs- und Kolonisationspolitik änderte sich

ebensowenig, als diejenige in der ersten Periode ihrer Herrschaft. Drei Gouverneure, welche ihren Amtssitz in Hakodate hatten, standen an der Spitze der Verwaltung von Jesso. Sie vertraten einerseits die Regierung der Tokugawa den Fremden gegenüber und führten andererseits die Kolonisations- und Verteidigungspolitik durch. Die Inseln wurden in sechs Bezirke geteilt, in welchen die Samurai aus vier Lehnsfürstentümern Bewachungsdienste leisteten.

Um die Ansiedelung zu fördern, stellte die Regierung den Samurai, Bauern oder Kaufleuten, welche sich in Jesso ansiedelten und hier Ackerbau, Viehzucht, Fischerei oder Bergbau treiben wollten, Geld und auch Wohngebäude zur Verfügung. Hatten diese Ansiedler sich durch Fleifs und Tüchtigkeit die Anerkennung der Regierung erworben, so erhöhte dieselbe ihre jährlichen Zuschüsse für die Samurai und belohnte die Leute aus den anderen Klassen mit Prämien[1].

Obgleich die Gouverneure sehr strebsam und tüchtig waren, wurden durch die Verwaltung doch nicht die bedeutenden Ergebnisse erzielt, wie in der ersten Periode, weil die finanziellen Verhältnisse der Zentralregierung so schlecht waren, dafs letztere keinen Zuschuss zur Verwaltung von Jesso geben konnte, und die ganzen Ausgaben der Verwaltung nur mit dem Einkommen aus der Insel gedeckt werden mufsten.

Im Jahre 1859 änderte die Regierung der Tokugawa ihre Kolonisationspolitik insofern, als sie sechs grofsen Lehnsfürsten, welche bisher schon im nördlichen Teil von Honschiu ihre Lehnsfürstentümer hatten, noch einen Teil von Jesso zuerteilte. Den gröfseren Teil behielt die Regierung noch unter ihrer unmittelbaren Herrschaft. Die Lehnsfürsten sandten Truppen in ihre neuen Lehnsbesitze und unterstützten auch die Ansiedelung der Bauern und Handwerker mit ihren Mitteln. Diese Unterstützung und Fürsorge bestanden darin: die Lehnsfürsten gaben den Ansiedlern unentgeltlich ungefähr 10000 „Tsubo" ($3^1/_3$ Hektar), womit eine Familie sich ernähren konnte. Aufserdem besorgten sie Hacke, Sichel und andere Ackergeräte für den Ackerbaubetrieb und einen eisernen Kessel, zwei Pfannen und zehn Matten für die Haushaltung, gaben täglich 6 „Gō" Reis ($1^1/_5$ Liter) für einen Erwachsenen und die Hälfte davon für ein Kind. Die letzteren Benefizien konnten die Ansiedler drei Jahre lang geniefsen. Infolge dieser weitgehenden Fürsorge und Unterstützung vermehrte sich die Zahl der Ansiedler, sobald aber die Benefizienperiode vorbei war, zer-

[1] Eine ähnliche Bestimmung sehen wir in der Kolonialverordnung in Brasilien, welche durch das Gesetz vom 28. Juni 1890 in Kraft trat (R. A. Hehl, Die Entwickelung der Einwanderungsgesetzgebung in Brasilien, S. 297. Schriften d. V. f. Socialp., Bd. LXXII).

streuten sie sich wieder. Diese Bestrebungen der Lehnsfürsten hatten also leider keine erfreulichen Erfolge.

In dieser Zeit verlor die Dynastie der Tokugawa nach und nach ihre Macht überhaupt, so dafs sie im Jahre 1868 die politische Macht, welche die feudalen Herren 600 Jahre lang genossen, wieder in die Hände des Mikado zurückgeben mufsten. Als die Tokugawa fielen, kehrte die nicht unbedeutende Menge der Ansiedler aus den Besitzen der Lehnsfürsten wieder in ihre Heimat zurück. Mit dem Fall der Tokugawa schlofs die dritte Periode unserer inneren Kolonisation und mit der Restauration von Meiji fing eine neue, bemerkenswerte Periode an.

Wenn wir die innere Kolonisation in der dritten Periode als Ganzes in Betracht ziehen, so sehen wir, dafs der Hauptgrund der lehnsunmittelbaren Herrschaft der Dynastie der Tokugawa über Jesso derjenige war, die Inseln gegen den Einbruch der fremden Mächte zu verteidigen. Daher ist es erklärlich, dafs die Kolonisationspolitik als solche hinter der Verteidigungspolitik zurückstand. Aber dafs man einerseits der Gefahr, die aus den fremden Ländern drohte, erfolgreich vorbeugte, und andererseits trotz des ungenügenden materiellen Schutzes der Zentralregierung das Kolonisationswesen richtig und gut durchführte, dafür müssen wir jedenfalls der klugen Politik der damaligen Gouverneure und der hohen Beamten in der Zentralregierung danken. Besonders war die Politik in bezug auf die Eingeborenen richtig und gab den erwünschten Erfolg. Dafs die Resultate der Ansiedelung und Urbarmachung trotz der langen Periode der Verwaltung nicht erfreulich waren, ist hauptsächlich die Schuld der damaligen politischen, sozialen, wirtschaftlichen und natürlichen Verhältnisse. Die Geschichte zeigt kein Beispiel der erfolgreichen Kolonisation in der feudalen Zeit. Der Feudalismus und die Kolonisation stehen ihrer Natur nach niemals nebeneinander. Aber im grofsen und ganzen bemerkt man wohl einen Fortschritt der Kolonisation während der dritten Periode, obgleich verschiedene Hindernisse im Wege standen. Die Bevölkerung der Inseln nahm zu, hier und da sah man gröfsere oder kleinere Städte, und besonders wurde Hakodate ein wichtiger Hafen für den auswärtigen Handel. Die Urbarmachung wurde gefördert, ebenso Ackerbau und Fischerei.

Wenn die Tokugawa in der richtigen Zeit, wie es tatsächlich geschah, nicht ihr Augenmerk auf die Verteidigung der Inseln gerichtet hätten, so wäre es ziemlich fraglich, ob wir heute die innere Kolonisation in Hokkaido als die unsrige betrachten könnten.

Viertes Kapitel.

Die Periode des neuen Regimes.

§ 1. Die Periode der Verwaltung durch das Kaitakushi (Kolonisationsgouvernement).

Mit dem Falle des Shogunates der Tokugawa und mit dem Beginn der Restauration im Jahre 1868 verschwand Alt-Japan[1], und Neu-Japan erstand. Die japanische Kultur, die sich über 25 Jahrhunderte lang zunächst durch koreanische und später durch chinesische und indische Einflüsse gehoben hatte, vermischte sich jetzt mit derjenigen des Abendlandes. Diese Vermischung bildet die eigenartige, gegenwärtige Kultur unseres Vaterlandes.

Als der jetzige Kaiser vom Shogun die politische Macht wieder in seine Hand zurücknahm, fing er an, die alte Kultur nach allen Richtungen hin zu verbessern und die neue einzuführen. Er unterliefs es selbstverständlich nicht, sein Augenmerk auf die innere Kolonisation von Hokkaido zu richten. Sowohl die Entwickelung der verschiedenen Arten der geistigen und materiellen Kultur, als auch die Fortschritte der inneren Kolonisation sind hauptsächlich seiner väterlichen Politik zu verdanken.

Kurz nach der Restauration wurde eine provisorische Behörde unter dem Namen „Hakodate-Fu“ (Hakodate-Gouvernement) in der Stadt desselben Namens gebildet. Aber wegen der zu kurzen Dauer seiner Verwaltungszeit und auch wegen des damaligen Bürgerkrieges merkte man gar keinen Fortschritt in unserer Kolonisation in jener Zeit.

Erst mit der Errichtung des Kaitakushi (Kolonisations-Gouvernement) im Jahre 1869 kann man wohl tatsächlich von der inneren Kolonisation im engsten Sinne sprechen[2]. Aber das Kaitakushi nahm nicht die Verwaltung der gesamten Inseln in seine Hand, sondern teilte sie mit 1 Ministerium, 24 Lehnsfürsten, 2 Tempeln, 1 Regierungsbezirk und 8 Samurai. Also stand Hokkaido unter der heterogenen Politik von 37 Herrschern. Es ist wohl begreiflich, dafs solche Einrichtung nichts Besonderes leisten konnte, und dafs das Kaitakushi im Jahre 1871 ein einziges Verwaltungsorgan in Hokkaido wurde.

Der Grund, diese bisherige Kolonisationspolitik zu treiben, war hauptsächlich der, dafs der Staat die Inseln gegen das Eindringen der fremden Mächte verteidigen wollte.

---

[1] Prof. Rein braucht Alt- und Neu-Japan in anderem Sinne. Vgl. sein Werk: Reise nach Japan.

[2] Schmoller, Die preufs. Kolonisation des 17. und 18. Jahrhunderts, S. 2.

Jedenfalls war dieser Verteidigungsgedanke auch ein Grund der inneren Kolonisation im neuen Regime. Lange Zeit spielte er eine ziemlich wichtige Rolle, bis Japan im Jahre 1874 mit Rufsland einen Vertrag über den Umtausch der Insel Sachalin und der Kurilen schlofs. Seit dieser Zeit bildet dieser Gedanke mehr eine untergeordnete Ursache der Kolonisationsbestrebung. Der Hauptgrund bestand damals und besteht heute noch darin, dafs der Staat durch die Ansiedlung der Japaner aus den anderen Teilen des Landes den jungfräulichen Grund und Boden urbar machen und die von der Natur gegebenen Hilfsquellen benutzen und damit den Reichtum des Landes vermehren wollte. Kurz, die neue, innere Kolonisationspolitik hat mehr einen wirtschaftlichen Charakter im Gegensatz zu der Grundtriebkraft der staatlichen Bestrebungen in den früheren Perioden. Wie die neue Regierung diese wichtige Politik anfing und sie durchführte, werden wir im folgenden schildern.

A. Kolonisationspolitik.

Majo Smith sagt mit Recht: „Das erste, dessen ein neues Land bedarf, ist eine Bevölkerung. Mag auch fruchtbarer Boden in Hülle und Fülle vorhanden, mögen die Vorteile, die sich dem Handelsverkehr bieten, unübertroffen und die natürlichen Hilfsquellen unerschöpflich sein, — ohne Bevölkerung gewährt der Boden keine Frucht und das Land bleibt arm und unentwickelt“ [1]. Als das Kaitakushi seine Verwaltungstätigkeit begann, betrug die Einwohnerzahl in Hokkaido nur rund 60000 Seelen. Mit einer solchen kleinen Bevölkerung kann man in einem urbar zu machenden Lande, welches 6095 Quadratri grofs ist, nichts leisten. Es ist selbstverständlich, dafs das erste Bestreben der neuen Regierung war, die Einwohnerzahl der Inseln durch die Förderung der Ansiedlung zu vermehren. Also die populationistischen Gesichtspunkte waren mafsgebend für unsere ganze Kolonisationsarbeit wie auch in der Hohenzollernschen inneren Kolonisationspolitik [2]. Aber der Unterschied bestand darin, dafs das Kaitakushi nicht wie diese die Ausländer, sondern nur die Inländer nach den Inseln zog. Die Bestrebungen des Kaitakushi gingen nicht dahin, nur dafür geeignete Leute zu finden, sondern so viel Einwanderer als möglich sich ansiedeln zu lassen. Seine Absicht war eben hauptsächlich die, die Bevölkerung zu vermehren.

Zu den Bestrebungen der Regierung kam ein zweites Moment hinzu, welches die Einwanderer veranlafste, sich in

---

[1] M. Smith, Die Einwanderung in die Vereinigten Staaten von Amerika, S. 227.

[2] Schmoller, a. a. O. S. 6.

Hokkaido anzusiedeln. „Diese Beweggründe“, sagt Geffcken, „sind meist zwingender Natur; ohne solche wird ein unverdorbener Mensch jenes Band nicht lösen, das ihn mit seinen Eltern, seinem Vaterhause, seinen Jugenderinnerungen verbindet“ [1]. Die Beweggründe können politischer, wirtschaftlicher, sozialer, religiöser oder psychologischer Natur sein, doch müssen sie immerhin zwingende sein.

Wie waren nun die allgemeinen Verhältnisse im Anfang der Restaurationszeit? Einige Anhänger des Shogunats der Tokugawa waren nicht zufrieden mit der Rückgabe der politischen Macht an den Kaiser und auch mit der neuen Regierung. Sie führten zunächst einen Krieg gegen die neue Regierung, aber bald zerrifs die finstere Wolke, und die Friedenssonne schien wieder hell über das ganze Land. Der in der Feudalzeit vorhanden gewesene Ständeunterschied zwischen Samurai, Bauern, Handwerkern und Kaufleuten wurde gänzlich aufgehoben, und alle Bürger genossen die gleichen politischen Rechte und nahmen dieselbe soziale Stellung ein. Unter der Herrschaft des Shogunats war die Regierung gegen die Verbreitung des christlichen Glaubens, dessen Anhänger mit schweren Strafen bedroht wurden, aber im neuen Regime erkannte die Regierung die Freiheit und Gleichheit der Religion an. Die wohlhabende Klasse, welche dreihundert Jahre lang in Frieden lebte, war gewöhnt, noch in ihrem Geburtsort ruhig weiter zu wohnen. Nur die armen Leute, welche keine Hoffnung hatten, in ihren Städten oder Dörfern ihr Dasein zu verbessern, und die Abenteurer, welche in der neuen Welt von einer besseren Zukunft träumten, wollten in dem noch wenig bekannten Lande sich ansiedeln. Die politische und religiöse Unzufriedenheit galt nicht als die Hauptursache der Ansiedelung, sondern „das Mifsverhältnis zwischen der Bevölkerungszahl und den Bedingungen des Unterhaltes“ [2], veranlafste die Leute, das Band mit ihrer Heimat zu lösen und sich in Hokkaido anzusiedeln.

Das Kaitakushi mufste seinen Bedarf an Menschen aus dieser wenig hoffnungsvollen Klasse befriedigen. Diese Leute hatten wohl Lust, sich hier anzusiedeln, aber es fehlte ihnen an Mitteln, ja selbst an Reisegeld. Wie in der ersten Periode der englischen Auswanderung in die Kolonien von Australien und Neu-Seeland oder in der brasilianischen Einwanderung bis gegen Ende der siebziger Jahre des vorigen Jahrhunderts mufste das Kaitakushi diese armen Ansiedelungslustigen mit Reisegeld und anderen Benefizien unterstützen, um die Bevölkerung auf den Inseln zu vermehren. Diese Fürsorge

---

[1] Geffcken (v. Bergmann), Auswanderung und Auswanderungspolitik, S. 494.
[2] Geffcken, a. a. O. S. 494.

war so reichlich, dafs sie an die preufsische innere Kolonisation im 17. und 18. Jahrhundert erinnert.

Nach dem ersten Gesetz betreffend die Ansiedelung vom November 1869 schied man die Ansiedelungslustigen in vier Kategorien, nämlich: 1. die Bauern, welche sich auf Veranlassung des Kaitakushi, 2. die Bauern, welche sich auf eigene Kosten, 3. die Handwerker und Kaufleute, welche sich auf Veranlassung des Kaitakushi, und 4. die Handwerker und Kaufleute, welche sich auf eigene Kosten ansiedelten. Je nach der Klasse konnten die Ansiedler in folgender Weise verschiedene Benefizien von der Regierung geniefsen.

Die Bauern der ersten Kategorie erhielten 1. 5 Yen (10 Mk.) als Baukosten, 2. die Ackerbau- und Haushaltungsgeräte und 3. den Reis als Nahrungsmittel je nach der Zahl und nach dem Alter der Mitglieder einer Familie, und zwar täglich Reis 5 „Gō“ (1 Liter) für diejenigen über 15 Jahre, 4 „Gō“ für diejenigen über 7 Jahre und 3 „Gō“ für diejenigen unter 7 Jahre, und aufserdem Salzgeld für jeden. Diese letzteren Benefizien genossen sie drei Jahre lang. Aufserdem erhielten die Bauern 2 Yen pro 1/10 Hektar als Urbarmachungskosten, wenn diese Arbeit fertig war, und die Sämereien für das erste Jahr.

Die Bauern der zweiten Kategorie erhielten die Ackerbau- und Haushaltungsgeräte. Da sie auf eigene Kosten leben mufsten, so setzte man für sie etwas höhere Urbarmachungskosten als für die Bauern der ersten Kategorie aus, und zwar 10 Yen pro 1/10 Hektar.

Die Handwerker und Kaufleute der dritten Kategorie erhielten 100 Yen Baukosten und jährlich 50 Yen Haushaltungskosten. Diese Benefizien dauerten drei Jahre. Aufserdem konnten die Ansiedler dieser Kategorie von der Regierung 100 Yen mehr für Hausbau und 30 Yen für die erste Einrichtung des Geschäftes leihen. Diese Schuld konnten sie innerhalb zehn Jahren in Raten zurückzahlen.

Die Handwerker und Kaufleute der vierten Kategorie konnten sich von der Regierung 100 Yen für Baukosten leihen; nahmen sie diese Unterstützung nicht in Anspruch, so erhielten sie drei Jahre hindurch jährlich 50 Yen Benefizien.

Das Gesetz zeigt, wie gütig und sorgsam Kaitakushi die Ansiedler mit Geld und anderen Benefizien unterstützte. Zu Anfang der vierten Periode unserer inneren Kolonisation waren es meistens Leute, welche der obengenannten ersten und dritten Kategorie angehörten; dagegen war die Zahl derjenigen, welche sich auf eigene Kosten ansiedelten, gering. Dies war kein Wunder, wenn wir uns an die schon betonten Beweggründe erinnern.

Die Bestimmungen betreffs des Reisegeldes und der anderen

Benefizien für die Bauern der ersten Kategorie wurden im nächsten Jahre enger gefafst.

Das neue Gesetz gewährte nur für vier Personen einer Familie Unterstützung. Nach der neuen Bestimmung erhielt jeder Einwanderer ohne Unterschied des Alters täglich 5 „Gō" Reis und Salzgeld für drei Jahre. Aufser diesen Unterhaltungskosten erhielt eine Familie für Anbau, Haushaltungs- und Ackergeräte, Sämereien, Reisegeld usw. usw. im ganzen die einmalige Summe von 184 Yen, und zwar im ersten Jahre nach der Ankunft auf den Inseln. Das Urbarmachungsgeld wurde gänzlich aufgehoben.

Welche Resultate diese Unterstützungspolitik ergab, kann man wohl verstehen, wenn man sich an die „Workhouse"-Politik in der englischen Industrie oder an die staatliche Kolonisation in Brasilien erinnert. Die Ansiedler waren, wie ich schon betont habe, meistens arme Leute und gehörten der Klasse an, welche aus der Hand in den Mund lebt. Der Hunger trieb sie aus ihrer Heimat nach dem noch wenig bekannten, urbar zu machenden Lande. Ohne materiellen Grund würden sie sich hier nicht angesiedelt haben. Infolge der günstigen gesetzlichen Bestimmungen konnten sie in der neuen Welt ohne grofse Sorge um Wohnung und Lebensunterhalt existieren und ohne besondere Mühe ihre notwendigsten Bedürfnisse befriedigen. „Durch Hunger und durch Liebe erhält sich das Getriebe", sagt ein deutsches Sprichwort. Da die Einwanderer während eines Zeitraumes von einigen Jahren vor Hunger geschützt waren, so fehlte ihnen der Trieb zur Arbeit. Es standen ihnen zwei Wege für ihre Zukunft offen: entweder sie strebten danach, mit den ihnen gebotenen Mitteln sozial und wirtschaftlich möglichst hoch emporzukommen, oder sie waren zufrieden mit der momentanen Fürsorge des Staates und verbrachten lässig ihre Zeit ohne Sorge für die Zukunft. Leider waren die Einwanderer, welche vom Kaitakushi zusammen berufen waren, meistens liederliche und arbeitsscheue Menschen und zogen den letzteren Weg vor.

Als das Kaitakushi die unerwarteten Mifserfolge sah, unterliefs es einerseits zwei Jahre später, d. i. im Jahre 1873, die Einwanderer zur Ansiedelung auf Staatskosten aufzufordern, und reduzierte die Urbarmachungskosten für die Einwanderer, welche sich auf eigene Kosten ansiedelten, von 10 Yen auf 2 Yen pro $^1/_{10}$ ha; anderseits aber erliefs das Gouvernement eine Verordnung, betreffend die tägliche Arbeit der Einwanderer, und zwar in folgender Weise:

1. fünf Einwanderer sollten sich zu einem Verbande vereinigen, und die Genossen eines Verbandes sollten miteinander verkehren wie eine Familie. Je fünf Verbände hatten einen Oberaufseher, welcher alle Angelegenheiten in bezug auf die Genossen zu ordnen hatte;

2. alle Genossen mufsten um 7 Uhr morgens beim Schlage eines Holzblattes aufstehen, mit der Arbeit beginnen, um 11 Uhr zum Mittagsessen kommen und von 2—5 Uhr wieder ihre Arbeit verrichten;
3. der Oberaufseher sollte zuerst das Holzblatt schlagen und dann jeder Verband nachfolgen. Tat der Oberaufseher seine Pflicht nicht oder wollten die Genossen nicht arbeiten, so wurden sie bestraft;
4. es gab sechs Ruhetage in einem Monat, nämlich: am 1., 6., 11., 16., 21. und 26. Sowohl an den Ruhetagen wie an den Arbeitstagen durften die Ansiedler ohne Genehmigung des Gouverneurs sich nicht aufserhalb ihres Dorfes begeben. Für eine eintägige Reise genügte die Einwilligung des Vorstehers;
5. die Vorsteher und die Oberaufseher sollten ihre Genossen veranlassen, zu arbeiten, damit sie nicht den richtigen Zeitpunkt für die Beackerung verfehlten. War ein Genosse wegen Krankheit verhindert, im Freien zu arbeiten, so mufsten die Mitgenossen für ihn einspringen und ihn unterstützen. Die Namen der Helfer sollten öffentlich bekannt gemacht werden;
6. der Oberaufseher mufste genau Buch führen über den Fleifs und die Tätigkeit seiner Genossen, und am Ende jedes Monats wurde dieses Buch dem Generalgouverneur vorgelegt, welcher die Fleifsigen belohnte und die Faulen tadelte. Der Oberaufseher haftete auch für seine Genossen;
7. Bestellte ein Ansiedler sein Land schlecht, so zahlte das Gouvernement keine Urbarmachungskosten;
8. War die Umzäunung des Gehöftes schadhaft, und waren auf den Feldern keine Vogelscheuchen aufgestellt, so dafs Tiere und Vögel dem Acker schaden konnten, so wurden der Oberaufseher und der betreffende Genosse bestraft;
9. nahm ein Genofs bei Tage alkoholhaltige Getränke zu sich, und vernachlässigte er infolgedessen seine Arbeit, so wurde er und der Oberaufseher ebenfalls bestraft.

Aus dieser Verordnung ersieht man, dafs die damalige Politik eine Politik der Bevormundung war. Ihre Eigentümlichkeiten sind folgende:

1. Die Grundzüge dieser Politik haben Ähnlichkeit mit denjenigen des grofsen Königs von Preufsen, dessen Worte lauten: „Es sollen die Ämter Exempel guter Wirtschaft sein“;
2. die Bestimmungen fördern nicht nur die Arbeit der einzelnen Ansiedler als solcher, sondern legen hauptsächlich Gewicht auf die Hilfe, Beratung, ja auch auf die gegenseitige Haftung der Verbandsgenossen. Dieses Haftungssystem konnte man nur im damaligen Koloni-

sationswesen durchführen, weil die Einwanderer meistens aus denselben Orten oder Provinzen sich gruppenweise ansiedelten;

3. die Bestimmungen zeigen, dafs das damalige Hokkaido ein Polizeistaat und nicht ein Rechtsstaat war.

Trotz dieser grofsen Fürsorge des Kaitakushi gingen einige Ansiedler wegen des kalten Klimas, der schweren Arbeit der Urbarmachung, auch aus Faulheit etc. in ihre Heimat zurück, ohne dies dem Gouvernement zu melden. Durch diese Zustände erlitt das Kaitakushi grofsen Schaden und wurde, um ferneren Unzuträglichkeiten vorzubeugen, veranlafst, im Jahre 1874 folgendes Gesetz zu erlassen.

1. Die Einwanderer, welche sich auf Staatskosten angesiedelt hatten, mufsten die Genehmigung der Regierung haben, wenn sie auf kurze Zeit in ihre alte Heimat zurückkehren wollten, um beispielsweise ihre kranken Eltern zu besuchen. Während ihrer Abwesenheit sollten sie ihren Landbesitz von anderen Leuten verwalten lassen, damit er nicht wieder verödete. Trat dieser Fall doch ein, so war es die Schuld des betreffenden Vorstehers;
2. wollten die Einwanderer während der Zeit, in welcher sie von der Regierung unterstützt wurden, wieder in ihrer alten Heimat oder irgendwo aufserhalb Hokkaidos ihren Wohnsitz nehmen, so mufsten sie das Land an den Staat zurückgeben und auch $^2/_3$ der bisher erhaltenen Unterstützungskosten zurückzahlen. Konnten die betreffenden Einwanderer diese Kosten nicht zurückerstatten, so mufsten die Verwandten dafür aufkommen.
3. Wenn die Einwanderer vier Jahre nach Schlufs der Unterstützungszeit wieder in ihre alte Heimat oder aufserhalb Hokkaidos ziehen wollten, so hatten sie dem Staate das Land zurückzugeben und auch ein Drittel der Unterstützungskosten zurückzuerstatten. Waren die betreffenden Personen dazu nicht in der Lage, so hafteten die Verwandten dafür, wie im ersten Fall.

Derartige Regierungsmafsregeln sind bei der Natur der Menschenklasse, um die es sich in unserem Falle bei den Ansiedlern ja doch meist handelte, psychologisch begründet; derartige Leute pflegen ohne Zwang, ohne Pflicht nicht viel zu arbeiten. Nur ist es zu verwundern, dafs das Gouvernement nicht gleichzeitig mit dieser Unterstützungsverordnung die Bestimmungen betreffs der Haftung der pflichtvergessenen Einwanderer festsetzte.

Obgleich während dieser Kolonisationstätigkeit des Kaitakushi verschiedene Hindernisse zu überwinden waren, so nahmen die Einwohner infolge seiner Bestrebungen doch zu, so dafs das Kaitakushi im Jahre 1875 seine Benefizien für die Handwerker und Kaufleute aufheben und die Unterstützungen für die Bauern noch in folgender Weise vereinfachen konnte:

1. Das Kaitakushi hob die Bestimmung auf, den Ansiedlern die Urbarmachungskosten zu geben;
2. gab es a) 10 Yen für Baukosten, b) die Ackerbaugeräte und c) 1,5 Yen für Sämereien im ersten Jahre;
3. gab es unentgeltlich Land, welches die Ansiedler binnen drei Jahren nach der Ansiedelung urbar machen sollten;
4. liefs es das Land den Ansiedlern sieben Jahre hindurch steuerfrei.

Diese Unterstützungsbestimmungen galten bis zu Ende der Verwaltung des Kaitakushi und zwar bis zum Ende 1883.

Nach dem Erlafs dieser Bestimmungen unterstützte das Kaitakushi doch noch in Ausnahmefällen die Einwanderer häufig mit Geld oder mit Reis, verschaffte ihnen Wohnhäuser, verzichtete auf das Recht, den Rest der Schulden von ihnen zurückzufordern, transportierte die Ansiedler unentgeltlich mit eigenen Dampfschiffen von ihrer Heimat nach Hokkaido usw. usw.

Aus dieser Darstellung kann man ersehen, wie sehr das Kaitakushi für die Einwanderer sorgte und sie schützte.

B. Landbaupolitik.

Eine der wichtigsten Fragen in der inneren Kolonisationspolitik ist die Landbaupolitik. Von ihr hängen die spätere Grundeigentumsverteilung, das Betriebssystem der Landwirtschaft und ihr Gedeihen überhaupt ab. Im Anfang der Verwaltung des Kaitakushi siedelten sich die Einwanderer meistens in Gruppen von 50, 100, 150, 200, ja sogar bis zu 750 Seelen zusammen an; es war tatsächlich eine organisierte Einwanderung. Die Einwanderer stammten hauptsächlich aus demselben Geburtsort oder wenigstens aus derselben Provinz, und in der neuen Welt bildeten sie zusammen wieder einen Verband, der meistens im Dorfsystem und nicht im Hofsystem eingerichtet war. Die japanischen Landleute wohnen im allgemeinen in Dörfern. Nach meiner Beobachtung ist dies besonders in Gegenden der Fall, wo die Reiskultur vorherrscht; wo man eine andere Art Ackerbau treibt, oder in Gebirgsgegenden sieht man seltener Bauernhäuser. Es scheint, dafs das Kaitakushi mit Rücksicht auf die Gewohnheit der Landleute dem Dorfsystem den Vorzug gegeben hat. Ich füge hinzu, dafs es selbstverständlich daneben viele Einwanderer gab, welche allein oder in kleinen Gruppen mit oder ohne Unterstützung des Staates sich ansiedelten.

Die Kolonisten hatten zunächst kein Privateigentumsrecht an dem Land. Was sie urbar machten, gehörte dem Staat, der ja auch das Entschädigungsgeld für die Urbarmachung und

Ausrodung, wie wir schon gesehen haben, zahlte. Das Areal des Landes, welches ein Einwanderer urbar machen durfte, war nicht vorher bestimmt und seine Grenzlinie auch nicht vorher genau bemessen. Das Gouvernement forderte die Einwanderer auf, so viel Land, als in ihren Kräften stand, urbar zu machen.

Aber ohne Wirkung der magischen Hand des Privateigentums wird man sich nicht einer so schweren Arbeit wie der Urbarmachung unterwerfen. Nur diese Hand verwandelt Sand in Gold. Daher ist es erklärlich, dafs das Kaitakushi im Jahre 1872 folgende Bestimmung betreffs des Privateigentumrechtes an dem Land festsetzte; danach konnten diejenigen, welche ihren Wohnsitz dauernd in Hokkaido hatten, für das Pachtland, welches sie urbar machten, ohne entsprechende Entschädigung die Urkunde der Übertragung des Eigentumsrechtes vom Staate erwerben und vollständiges Privatrecht darüber geniefsen.

Ein Jahr später, d. i. im Jahre 1873, bestimmte das Kaitakushi zum erstenmal das maximale Areal des Landes, welches eine Familie für den Zweck der Urbarmachung vom Staate erwerben konnte, auf 100000 „Tsubo“ ($33^1/_3$ ha), und der Staat nahm nach dem Verkaufsgrundsatz den Preis von 1 Yen für 1000 „Tsubo“ ($^1/_3$ ha) urbares Land. Diese Bestimmungen galten aber zunächst nur für die Umgebung der Hauptgouvernementsstadt Sapporo.

Aber trotz der Vermehrung der Ansiedler, sowohl derjenigen auf eigene wie auch der auf Staatskosten, trotz der Verbesserung des Verkehrswesens in- und aufserhalb Hokkaidos, trotz der allgemein bekannten Fruchtbarkeit des Landes blieb eine ungeheure Menge Landes doch noch brach liegen; um dem abzuhelfen, dehnte das Kaitakushi die Wirkung des Gesetzes vom Jahre 1873 über ganz Hokkaido aus und ergänzte im gleichen Sinne noch in demselben Jahre die früheren Bestimmungen dahin:

1. Das Kaitakushi verkaufte allen denjenigen, welche in Hokkaido Ackerbau, Viehzucht, Fischerei, Bergbau oder andere Industrie treiben wollten, brauchbares Land und gab ihnen die Urkunde der Übertragung des Privateigentumrechtes an dem Land;
2. das maximale Areal des Landes, welches eine Familie vom Staate kaufen durfte, betrug 100000 „Tsubo“ ($33^1/_3$ ha);
3. das Land war von Beginn der Urbarmachung an zehn Jahre steuerfrei;
4. der Preis betrug 1,50 Yen (rund 3 Mk.) pro 1000 „Tsubo“ ($^1/_3$ ha) für das erstklassige Land, 1 Yen für das minderwertige und 0,50 Yen für das am wenigsten brauchbare. Die Käufer mufsten den Preis sofort bar

bezahlen. Gehörten die Käufer nicht zur wohlhabenden Klasse, oder brach ein Unglück über sie herein, so konnten sie mit Bewilligung des Gouvernements den Preis innerhalb 3—5 Jahren in Raten zahlen;
5. die Käufer konnten das Land nach ihrem Belieben benutzen;
6. durften aber das Land nicht den Ausländern verkaufen und ihnen auch nicht gegen Geldanleihe verpfänden;
7. wenn die Käufer nach der Übergabe des Landes in zwölf Monaten für das erstklassige Land, in fünfzehn Monaten für das minderwertige und in zwanzig Monaten für das am wenigsten brauchbare Land ihre Arbeit nicht begannen, konnte das Gouvernement das Land wieder zurücknehmen;

Diese Bestimmungen galten ohne wichtige Abänderung bis zum Jahre 1886 und bildeten den Grundstein der Landbaupolitik in der Zeit des Kaitakushi.

Aus dem eben Geschilderten ersehen wir als eigentümliche Erscheinung der Landbaupolitik folgendes:

1. Die Einwanderer siedelten sich zunächst häufig in organisierten Gruppen in Hokkaido an;
2. das Kaitakushi gab dem Dorfsystem den Vorzug vor dem Hofsystem;
3. es führte den Verkaufsgrundsatz hinsichtlich der Übergabe des Landes durch, der auch in den Vereinigten Staaten von Nordamerika oder in den englischen Kolonien von Kanada und Australien Anwendung findet. Das Gouvernement unterstützte einerseits die Einwanderer mit Benefizien, anderseits aber mufsten diejenigen, welche keine Unterstützung vom Staate genossen, den Kaufpreis bezahlen. Es scheint demnach eine sich widersprechende Politik gewesen zu sein. Das Land kostete der Regierung sehr wenig, und es wäre deshalb besser gewesen, den Ansiedlungslustigen das Land unentgeltlich zu überlassen. Dieser Verkaufsgrundsatz wurde erst im Jahre 1897 aufgehoben;
4. das maximale Areal des Landes, welches eine Familie vom Staate kaufen konnte, beschränkte sich auf 100000 „Tsubo“ ($33^1/_3$ ha); deswegen gab es fast keinen Grofsgrundbesitzer. Dagegen gehörten die Landleute meistens der kleinen Bauernklasse, welche ihr Land selbst bewirtschaftet, an. Man fand damals naturgemäfs wenig Pächter, weil selbst die armen Leute durch die Unterstützungen vom Staate Land bekommen und eine eigene Wirtschaft treiben konnten.

Diese vier eigentümlichen Erscheinungen der Landbaupolitik des Kaitakushi veränderten sich mit der Zeit, so dafs wir in der neuesten Zeit in gewisser Beziehung ganz andere Verhältnisse sehen, worüber wir später genauer sprechen werden.

C. Landwirtschaftliche Politik.

Wie schon betont, war die Fischerei in den früheren Perioden die Haupteinnahmequelle in Hokkaido. Obgleich dieser Erwerbszweig in der Periode des Kaitakushi noch ebenso wichtig war wie früher, so legte das Gouvernement doch gröſseres Gewicht auf die Fortschritte der Landwirtschaft, weil die Fischerei in Hokkaido damals schon eine gewisse Stufe der Entwicklung erreicht hatte und das 6095 Quadratri groſse Hokkaido zum gröſsten Teil noch mit einem Urwald bedeckt war. Hokkaido befand sich in der Tat noch in einer Periode der volkswirtschaftlichen Entwicklung, wo der Wald noch ein Feind des Menschen ist. Dieses jungfräuliche Land urbar zu machen und dadurch die von der Natur gegebenen Perlen zu sammeln, war naturgemäſs die erste und wichtigste Aufgabe des Kaitakushi. So wichtig diese Aufgabe war, so schwer war, dieselbe richtig zu lösen und durchzuführen. Bis zur Restauration fanden wir schon die Ansiedelung und Urbarmachung in Hokkaido, aber nur in beschränktem Maſse und in beschränkten Gegenden. Man schätzte im Jahre 1860 die Reisfelder in Hokkaido auf 136,4 ha und die trockenen Felder auf 520 ha. Die Ergebnisse der früheren Bestrebungen waren so unbedeutend wie ein Wassertropfen im Meere. Die wirkliche innere Kolonisation in Hokkaido begann jedenfalls erst mit der Errichtung des Kaitakushi.

Das Gouvernement förderte die Ansiedlung der Inländer in der schon geschilderten Weise. Die Kolonisten in Hokkaido muſsten sich von Anfang an mit der ihnen unbekannten Arbeit der Urbarmachung beschäftigen. Die Regierung gab ihnen hierfür die nötigen Anweisungen, da im neuen Lande mit seinen anderen klimatischen- und wirtschaftlichen Verhältnissen die bisher geübte landwirtschaftliche Betriebsweise natürlich nicht ohne weiteres fortgesetzt werden konnte.

Es ist eine wohlbekannte Tatsache, daſs die Reiskultur in der japanischen Landwirtschaft eine groſse Rolle spielt. Dieser Zweig des Ackerbaues verlangt eine groſse Arbeitskraft und eine hohe Temperatur und kann in kleinem Maſsstabe und intensiver Betriebsweise rentabel betrieben werden. Nach den damaligen Erfahrungen zeigte sich, daſs der Reis in Hokkaido auſser im südlichem Gebiet nicht gedeihen konnte, obgleich diese Behauptung später als falsch befunden wurde. Diese falsche Annahme war ohne Zweifel ein groſses Hindernis für die Ansiedlung, da die konservativen Bauern sich nicht gern dort ansiedeln, wo sie ihr Hauptnahrungsmittel nicht selbst bauen können. Es galt nun zunächst, dieses Hindernis zu beseitigen.

Um diese Aufgabe zu lösen, suchte das Gouvernement geeignete und ertragbringende Kulturpflanzen für die Inseln auszuwählen. Es führte Sprößlinge und Samen der Kulturpflanzen sowohl aus dem Inlande wie auch aus dem Auslande ein. Von den ausländischen Pflanzen sehen wir an Getreidepflanzen: Weizen, Gerste und Hafer; an Hülsenfrüchten: Bohnen und Erbsen; an Futterfrüchten: Klee, Timothy, Kentucky-Bluegraß und Fuchsschwänze; an Obst: Äpfel, Birnen, Trauben, Kirschen und kleine Beeren usw. usw. Die Kulturpflanzen waren hauptsächlich aus den Vereinigten Staaten von Nordamerika eingeführt worden.

Um das Gedeihen und die Rentabilität dieser in- und ausländischen Pflanzen zu prüfen, richtete das Kaitakushi hier und da landwirtschaftliche Versuchsstationen, Obst-, Hopfen- und Traubenversuchsgärten ein.

Aber wollten die Leute, wie in ihrem früheren Heimatsorte, auch in Hokkaido den Reis als Hauptnahrungsmittel brauchen, so mußte man diesen Bedarf mit der Einfuhr aus Honshiu befriedigen, was für die wirtschaftliche Selbständigkeit der Inseln nicht wünschenswert war. Aus diesem Grunde empfahl das Kaitakushi als Hauptnahrungsmittel den Weizen in Form von Weißbrot und suchte in verschiedener Weise den Gebrauch des neuen Nahrungsmittels zu verbreiten. So war z. B. die Speise für die Studierenden der kaiserlichen Akademie der Landwirtschaft zu Sapporo nur europäisch und nicht japanisch. Aber diese Bestrebungen konnten ihr Ziel nicht erreichen, da sie zu radikal waren.

Um die Urbarmachung und Bestellung des Landes zu fördern und zu beschleunigen, half das Kaitakushi einerseits mit eigenen Gespannen und Pflügen gegen eine kleine Entschädigung, anderseits gab es den Landwirten Prämien, je nach dem Areal des urbar gemachten Landes, der Schwierigkeit der Arbeit und der Intensität der Betriebsweise. Folgende Bestimmungen wurden festgesetzt: 1. Die erste Klasse, d. h. diejenigen, welche trotz der schweren Arbeit der Urbarmachung mehr als 2 ha urbar machten, und wo der Betrieb sehr intensiv war, bekamen an Prämien 7–10 „Sho“ Reis (13—18 Liter) pro $^1/_{10}$ ha; 2. diejenigen, welche mehr als 4 ha urbar machten, obgleich ihre Urbarmachungsarbeit nicht schwer und die Betriebsweise auch nicht intensiv war, erhielten die Hälfte der Prämie der ersten Klasse; 3. diejenigen, welche unter denselben Verhältnissen wie die erste Klasse mehr als 1 ha urbar machten, erhielten 4—6 „Sho“ Reis (8—11 Liter) pro $^1/_{10}$ ha als Prämie; 4. diejenigen, welche unter denselben Verhältnissen wie die zweite Klasse mehr als 2 ha urbar machten, erhielten die Hälfte der Prämie der dritten Klasse; 5. diejenigen, welche unter denselben Verhältnissen wie die erste Klasse mehr als $^1/_2$ ha urbar machten, erhielten 1—3 „Sho“

Reis (1,8—5,5 Liter) pro 1/10 ha, und endlich 6. diejenigen, die unter denselben Verhältnissen wie die zweite Klasse mehr als 1 ha urbar machten, erhielten die Hälfte der Prämie der fünften Klasse. Diese Prämien sollten je nach der Kopfzahl und auch je nach der Zahl der Erwachsenen einer Familie abgeändert werden. Wie grofs diese Prämien im ganzen waren, ist mir nicht klar.

Da der landwirtschaftliche Betrieb in Hokkaido gröfser ist als in anderen Teilen Japans, so ist es fast unmöglich, nur mit Handgeräten hier Ackerbau zu treiben, wie dies unsere Bauern seit tausend Jahren gewöhnt waren. Dementsprechend führte das Gouvernement landwirtschaftliche Geräte und Maschinen aus dem Auslande ein und errichtete selbst für den Bedarf der Bauern Maschinenfabriken. Die Maschinen wurden vom Gouvernement, je nach Wunsch der Bauern, verkauft oder geliehen, und die jungen Bauern lernten die Benutzung der neuen Maschinen auf Staatskosten. Diesen Bestrebungen haben wir es zu verdanken, dafs die landwirtschaftlichen Maschinen, wie Pflüge, Walzen, Dreschmaschinen usw., heute in Hokkaido verbreitet sind. Die landwirtschaftliche Pflanzenproduktion zeigt sich in Tabelle I.

(Hierher Tabelle I S. 29.)

Was die Viehzucht anbetrifft, so führte das Kaitakushi zur Aufbesserung der einheimischen Rassen die feineren Hengste, Zuchtvieh, Schweine, Schafe, Hühner, Rebhühner usw. ein. Das Gouvernement errichtete Gestüte, auch Vieh-, Schweine-, Schafzüchtereien usw. usw. Diese Anstalten dienten einerseits dazu, den Bauern den Musterbetrieb einer Viehzüchterei zu zeigen und anderseits die Hengste, Bullen usw. den Bauern unentgeltlich zur Deckung zu überlassen. Das Gouvernement veranstaltete Pferdemärkte, auf welchen die Züchter ihre Pferde verkaufen konnten, und in Fällen, wo dieselben keinen Käufer finden konnten, nahm das Gouvernement diese Pferde zu einem entsprechenden Preise. Aufserdem setzte das Gouvernement ein Pferderegister auf, um die Pferdediebe fernzuhalten und auch um die Zählung der Pferde zu erleichtern, kaufte den Samen der Futterpflanzen aus den Vereinigten Staaten von Nordamerika und verteilte ihn unter die Bauern, bestimmte die Handelsweise von Pferde- und Rindviehhäuten, setzte eine Verordnung betreffs des Körungswesens fest usw. usw. Auf diese Weise war das Kaitakushi bestrebt, sowohl mittelbar wie auch unmittelbar die Viehzucht in Hokkaido zu fördern. Durch diese Bestrebungen vermehrte sich die Zahl der Pferde in den Jahren von 1872—1881 von 9291 auf 30 172; dagegen zeigten andere Tiere leider keine grofse Vermehrung, wie Tabelle II (S. 30) zeigt.

Tabelle I. **Wert der landwirtschaftlichen Pflanzenprodukte.**

Jahre	Yen											
	Reis	Gerste	Weizen	Buchweizen	Bohnen	Azuki (Phaseolus radialus)	Kartoffeln	Hanf	Flachs	Indigo	Sonstige	Zusammen
1870	—	—	—	—	—	—	466	—	—	—	9	475
1871	—	—	—	—	—	—	561	—	—	—	18	579
1872	—	—	—	4	—	—	739	—	—	—	25	768
1873	40	2 830	1 285	3 784	11 492	3 666	8 325	846	—	—	8 858	41 126
1874	179	2 230	5 353	4 556	15 705	4 459	6 845	2 165	—	45	14 948	56 485
1875	14 397	10 826	10 422	10 845	29 556	16 452	15 723	2 856	—	—	24 608	135 685
1876	14 986	9 144	8 453	6 161	41 718	11 416	18 495	3 041	—	55	35 033	148 502
1877	18 045	7 418	2 214	7 984	28 163	20 626	16 745	5 511	—	930	24 475	132 111
1878	14 782	11 416	3 168	11 306	30 744	25 043	24 563	2 689	—	833	35 304	159 848
1879	49 997	15 060	6 769	16 774	62 843	37 388	29 624	12 655	—	8 213	44 653	283 976
1880	111 299	24 516	13 744	19 568	77 207	33 560	45 478	34 488	—	6 103	88 039	454 002
1881	99 485	44 528	13 028	32 946	98 115	74 007	50 522	42 614	—	5 708	112 048	573 001

Tabelle II. **Viehzucht (Stücke).**

Zählungsjahre	Rindvieh	Pferde	Schweine	Schafe
1872	295	9 291	55	9
1873	253	16 357	154	89
1874	310	15 080	174	144
1875	357	24 783	208	852
1876	374	18 757	205	546
1877	1167	30 578	271	448
1878	825	30 632	265	244
1879	898	28 084	247	413
1880	1424	30 245	280	482
1881	1123	30 712	170	577

Die Gründe waren die, dafs die japanischen Bauern in der Viehzucht nicht sehr erfahren waren, dafs sie lieber Pferde als Rindvieh verwandten, weil jene viel mehr leisten konnten, besonders in der Zeit, in welcher das Verkehrswesen noch unvollkommen war, und weil man Fleisch und andere tierische Produkte wenig brauchte. Aber was das Kaitakushi damals säte, ernten wir heute.

Als Nebengewerbe der Bauern förderte das Gouvernement die Seidenzucht, weil Hokkaido von Natur viele Maulbeerbäume hat und das Klima auch für die Seidenzucht sehr günstig ist. Die staatliche Seidenzüchterei verkaufte die Seidenwurmeier ganz billig oder gab sie auch zuweilen unentgeltlich ab. Die Seidenwurmeier in Hokkaido sind heute in Japan wegen ihrer Güte berühmt.

D. Fischereipolitik.

Ohne Zweifel waren im Anfang des Kaitakushi die Förderung der Ansiedlung, die Hebung der einheimischen Leute und die Urbarmachung des jungfräulichen Bodens dringend notwendig. Doch war damals und ist heute noch der wichtigste Erwerbszweig in Hokkaido die Fischerei. Das Kaitakushi vergafs natürlich nicht, sein Augenmerk hierauf zu richten, obgleich es mehr Gewicht auf die Landwirtschaft legte. Was die Technik der Fischerei anbetrifft, so setzte das Kaitakushi die Beschränkung der Netzarten fest und errichtete Brutanstalten für Lachs. Von grofser Wichtigkeit war, dafs das Kaitakushi den Unternehmern Betriebskapital lieh. Obgleich die Fischerei ein ertragbringendes Gewerbe ist, so ist sie doch in gewissem Sinne eine Spekulation. Es fehlte manchmal an Betriebskapital, und die Unternehmer mufsten Wucherzinsen bezahlen oder ihre Fischereiprodukte billig verkaufen, um ihre Schulden zu tilgen. Um diesem Kapitalmangel abzuhelfen, lieh das Gouvernement einzelnen Unternehmern oder den betreffenden

Regierungskreisen Kapital. Endlich erliefs das Kaitakushi im Jahre 1878 eine Verordnung betreffs des Leihens von Betriebskapital für Fischereiunternehmen. Danach konnte das Kaitakushi 50000 Yen (100000 Mk.) den Fischereiunternehmern leihen. Die Leihbedingungen werden wir etwas genauer betrachten, weil sie von verhältnismäfsig gutem Erfolge gekrönt waren. Der Zinsfufs war ziemlich hoch und zwar 12 % pro Jahr, aber das Gouvernement nahm nicht den ganzen Betrag, sondern nur 5 %; 6 % flossen dem Darlehnsfonds zu, und 1 % deckte die Unkosten. Der Rückzahlungstermin war ein Jahr, doch mit Genehmigung des Gouvernements konnten die Schuldner das Kapital in einem Zeitraum bis zu drei Jahren abzahlen; dies konnte entweder in bar oder in Fischereiprodukten geschehen, wie es den Schuldnern möglich war. Wollten diese die zweite Form der Rückzahlung wählen, so mufsten sie vorher die Art und Menge der zurückzuzahlenden Produkte fest bestimmen und konnten natürlich nicht ihre Produkte verkaufen, bevor sie ihren Verpflichtungen nachgekommen waren. Das Gouvernement schied die Fischereiunternehmer in drei Klassen und lieh das Kapital je nach der Schwierigkeit der Lage und zwar:

1. denjenigen, welche mit eigenem Kapital das Geschäft betrieben;
2. denjenigen, welche mit einer hypothekarischen Schuld in diesem Gewerbe tätig waren, und
3. denjenigen, welche die Fischereiprodukte, die sie im nächsten Jahre erwerben würden, als Hypothek für diese Schuld überliefsen.

Von den Schuldnern waren 3—5 zusammen für ihre gesamte Schuld verpflichtet. Das Gouvernement lieh das Kapital nicht mit einemmal, sondern in zwei Raten, nämlich beim Mieten der Arbeiter und vor dem Ende des Fischfanges. Das geliehene Kapital durfte 300 Yen (600 Mk.) pro Netz, welches den Schuldnern gehörte, nicht übersteigen. Das Gouvernement vergröfserte dieses Kapital in späteren Jahren, und zwar betrug es bis zum Jahre 1881 im ganzen etwa 490000 Yen (980000 Mk.). Durch diese Tätigkeit des Gouvernements konnten die Unternehmer sich gewissermafsen aus den Händen der Wucherer befreien.

Die erfreulichen Ergebnisse der Fischereipolitik kann man aus umstehender Tabelle III ersehen.

(Hierher Tabelle III S. 32.)

Die gesamten Fischereiprodukte hatten einen Wert von 389616 Yen im Jahre 1870, von 7116465 Yen im Jahre 1881; sie haben sich also in elf Jahren ungefähr um das Achtzehnfache vermehrt. Unter den einzelnen Kategorien nahm der Heringsfang die erste Stelle ein. Sein Ertrag machte fast

Tabelle III. **Die Werte der Fischereiprodukte.**

Jahre	Hering	Lachs	Salm	Stockfische	Sardinen	Getrockneter Seeochse	Getrocknete Seegurke	Getrocknete Tintenfische	Verschiedene Fische	Muscheln	Laminarien (Seetang)	Seegräser	Seetiere (Seehunde usw.)	Summe
	Yen													
1870	116 764	111 749	7 434	?	1 333	?	?	?	8 569	?	143 695	?	72	389 616
1871	1 107 598	122 912	2 659	7 827	2 528	2 594	803	266	5 591	?	120 319	?	945	1 374 042
1872	1 158 159	262 534	?	11 940	54 127	15 708	10 655	2 262	11 979	110	362 020	2 056	936	1 892 486
1873	1 472 220	308 641	25 426	11 287	46 992	10 283	12 171	57 657	7 079	759	344 019	9 551	1264	2 307 349
1874	2 471 834	263 395	48 321	17 828	39 358	23 086	19 039	8 495	10 110	1 395	213 328	4 581	328	3 121 098
1875	1 942 665	381 835	32 505	26 964	76 733	22 516	8 557	11 817	29 504	4 364	213 605	8 266	3509	2 762 840
1876	2 215 689	306 098	40 275	16 082	52 370	16 887	12 525	7 794	33 480	3 631	288 966	10 793	496	3 005 086
1877	2 233 449	345 209	70 665	23 376	25 666	30 794	21 176	28 543	44 821	12 009	289 051	6 764	935	3 132 458
1878	2 533 390	498 227	100 986	86 520	104 041	66 591	54 418	35 138	58 125	9 716	458 961	10 456	1785	4 018 354
1879	4 627 974	893 973	83 199	131 929	115 268	67 744	38 331	69 229	50 320	7 469	860 782	18 945	955	6 966 118
1880	7 303 265	1 294 494	99 180	134 026	421 323	72 254	76 020	174 771	83 921	26 375	700 003	17 692	1073	10 404 397
1881	5 137 001	846 133	77 605	84 376	111 150	67 135	82 888	49 965	56 000	8 737	570 376	22 817	2282	7 116 465
														46 490 309

70 % des gesamten Wertes aus. Die Fische wurden hauptsächlich in Form von Fischdünger nach Honshiu ausgeführt; andere Fischereiprodukte teilweise in Hokkaido konsumiert, der gröfsere Teil jedoch wurde nach Honshiu und nach dem Auslande, besonders nach China, exportiert.

E. Industriepolitik.

Je mehr die Zahl der Ansiedler zunahm, desto gröfser wurden die Wirtschafts- und Haushaltungsbedürfnisse, die man im Anfang dieser Verwaltungsperiode zunächst mit dem Angebot aus Honshiu befriedigen mufste; eine Folge davon war, dafs die Einfuhr nach Hokkaido stets die Ausfuhr überstieg und die Handelsbilanz das Gleichgewicht verlor.

Zudem war das Verkehrswesen in Hokkaido damals noch sehr unvollkommen, so dafs es schwer war, die massenhaften Produkte, unter anderen die landwirtschaftlichen und die Fischereiprodukte, nach den meist sehr entfernten Märkten zu transportieren. Um diese und jene Nachteile zu vermeiden, war es dringend notwendig, einerseits die Bedarfsartikel der Ansiedler so viel als möglich in Hokkaido selbst zu produzieren und anderseits die massenhaften Produkte weiter zu verfeinern, um den Tauschhandel der Ansiedler zu beschleunigen und den Markthandel auf gröfsere Entfernungen hin ausdehnen zu können.

Aber da die Grofskapitalisten in Hokkaido noch wenig und diejenigen in Honshiu und anderen Teilen Japans gar nicht geneigt waren, für die Industrie auf den Inseln ihr Kapital zu verwenden, so unternahm es das Kaitakushi selbst, die verschiedenen Zweige der Industrie auf eigene Rechnung zu betreiben. Wir zählen an staatlichen Fabriken: Sauce-, Mauerstein-, Zement-, Leder-, Papier-, Eisen- und Stahl-, Fischnetz-, Öl-, Pferdegeschirr-, Zündholz-, Rübenzucker- und Seidenfabriken; Seidenwebereien, Konservenfabriken für Lachs, Salm, Reh usw. usw., Schneide- und Getreidemühlen, Bierbrauerei, Weinkelterei usw. usw. Obgleich einige dieser Unternehmungen nicht recht rentabel waren, so haben sie doch ohne Zweifel den Ansiedlern grofse Vorteile gebracht und die Produktion und dadurch auch die Urbarmachung auf den Inseln erheblich gefördert.

F. Das Kolonialmilizsystem.

Im Januar 1873 wurde das Gesetz der allgemeinen Wehrpflicht zum erstenmal in Japan veröffentlicht, und sechs Divisionen einschliefslich der Leibwache wurden organisiert. Diese Organisation existierte mit einigen Veränderungen bis zu Ende des chinesisch-japanischen Krieges im Jahre 1894—95. Aber für die speziellen Zwecke, Ansiedelung und Urbarmachung von Hokkaido zu schützen und zu fördern, schien dieses System nicht sehr geeignet zu sein. Man verliefs es und errichtete anstatt eines stehenden Heeres hier im Jahre 1874 ein Kolonialmilizsystem[1]. Die Milizen wurden nicht durch die Einwohner der Inseln, sondern aus den armen, aber mehr fähigen Samurais in den nördlichen Regierungsbezirken von Honshiu ersetzt. Sie dienten einerseits als Soldaten, anderseits arbeiteten sie als Landwirte auf ihren Feldern, welche nach der ersten Bestimmung 5000 „Tsubo" ($1^2/_3$ ha) grofs waren; seit 1878 konnten diejenigen, welche überflüssige Arbeitskräfte hatten, noch 5000 „Tsubo" mehr erhalten. Das Gouvernement baute naturgemäfs die Wohnungen für die Milizen im Dorfsystem. Eine Familie erhielt eine Wohnung, während die Ledigen immer vier zusammen in einem Hause wohnen mufsten. Aber auch noch andere Unterstützungen und Versorgungen wurden ihnen zuteil: Nicht nur die gesamten Waffen wurden ihnen geliefert, sondern auch noch grofse und kleine Hacken, 2 Schleifsteine, 1 Beil, 1 Säge, 2 Sicheln, 1 Feile, 10 Matten usw. für den Ackerbau und 2 Pfannen, 1 eiserner Kessel, 9 hölzerne Tassen, 2 Eimer, Betten und Bettdecken usw. für die Haushaltung. Das Gouvernement bezahlte für die Reisevorbereitungen den Erwachsenen 2 Yen (4 Mk.) und die Hälfte davon den Jungen unter 14 Jahren; als Reisegeld den Erwachsenen 33 „Sen" (66 Pfg.) pro Tag und die Hälfte davon den Kindern unter 6 Jahren; als Fuhrlohn 2,60 Yen (5,20 Mk.) pro Tag für eine Familie und die Hälfte für die Ledigen. Nach der Ankunft in der neuen Wohnung erhielten die Milizen drei Jahre hindurch täglich 7,5 „Go" Reis (1,4 Liter) und monatlich 50 Sen (1 Mk.) Salzgeld für einen Erwachsenen; 5 „Go" Reis und 37,5 Sen für einen Jungen im Alter bis zu vierzehn Jahren und 3 „Go" Reis und 25 Sen für die Kinder bis zu sechs Jahren. Während der Unterstützungsperiode wurden die Kranken unentgeltlich mit Arznei versorgt, und wenn ein Todesfall eintrat, gab das Gouvernement 13 Yen zur Bestreitung der Begräbniskosten für den Hausherrn, 7,5 Yen für einen der Angehörigen über 7 Jahre und 3,25 Yen für die Kinder bis zum Alter von sechs Jahren. Die untauglichen Leute, welche nach der Heimat zurückkehren wollten, bekamen für sich 75 Sen Rückreisegeld pro Tag vergütet, 65 Sen für einen ihrer Angehörigen über sieben Jahre und 32,5 Sen für diejenigen unter sieben Jahre.

Unter diesen Bedingungen gestattete das Gouvernement zunächst nur den Samurai, sich anzusiedeln; da sich aber ein

---

[1] Vgl. das Pueblo-System in der spanischen Kolonisation in Nordamerika und das Milizsystem in Neu-Seeland, Van-Diemensland, Westaustralien und in Sibirien.

fühlbarer Mangel an Ansiedlungslustigen bemerkbar machte, so war es auch später den Bürgern gestattet. Zu Ende der Verwaltung ersehen wir, dafs sich die Zahl der angesiedelten Familien auf 509 bezifferte mit zusammen 2420 Köpfen. Das Ackerland betrug 663 ha; ferner waren 1/2 Million Maulbeerbäume und 12300 Obstbäume vorhanden und an Viehbestand 208 Pferde und Rindvieh. Die Depositengelder betrugen 41482 Yen.

Als Soldaten bewiesen die Milizen ihre Tüchtigkeit im Bürgerkriege im Jahre 1877, und als Landwirte leisteten sie ebenfalls im grofsen und ganzen Tüchtiges. Dieses System wurde später im Anfang des dritten Abschnitts unter dem neuen Regime noch weiter ausgebaut und dauerte bis zur neuen Einrichtung der siebenten Division in Hokkaido nach dem Kriege von 1894/95.

Wenn wir in dieser Weise die Kolonial- und Wirtschaftspolitik des Kaitakushi skizzierten, so brauchen wir kaum zu betonen, dafs das Gouvernement auch das Verkehrswesen, wie: Chausseen, Eisenbahnen, Post und Telegraphen, Wasserstrafsen, Häfen, Seewege usw. usw., einrichtete und verbesserte, dafs es geologische, mineralogische, botanische, zoologische und andere Untersuchungen in Hokkaido vornahm, und dafs es das Elementar- und Mittelschulbildungswesen einführte. Auch dürfen wir nicht vergessen noch besonders zu erwähnen, dafs das Kaitakushi auf die höhere Bildung grofsen Wert legte. Die jetzige kaiserliche Akademie der Landwirtschaft zu Sapporo wurde schon im Jahre 1873 zu Tokio gegründet und im Jahre 1876 in die Hauptgouvernementsstadt Sapporo verlegt. Sie ist die erste landwirtschaftliche Anstalt in Japan. Der Zweck dieses Instituts war ursprünglich, die Beamten im Dienst des Kaitakushi zu bilden. Dementsprechend waren die Studienfächer sehr weit ausgedehnt, so dafs sie in der Tat eine Kameralwissenschaft in früherem Sinne waren. Diese Akademie hatte ganz denselben Zweck und dieselben Einrichtungen wie die Universitäten in Frankfurt a. O. und in Halle a. S. zur Zeit Friedrichs des Grofsen. In Deutschland teilte sich die Kameralwissenschaft später in verschiedene Fächer, und die Volkswirtschaft trägt heute den Namen der Mutterwissenschaft. Dagegen hat sich die Kameralwissenschaft in jener Anstalt nach und nach zu einer reinen Landwirtschaftswissenschaft umgewandelt. Diejenigen, welche in diesem Institut die höhere Bildung genossen haben, nehmen heute wichtige Stellungen, sowohl in Verwaltungs-, wie auch in Industriekreisen, ein. Da das Kaitakushi von Anfang seiner Tätigkeit an sich nicht nur der materiellen, sondern auch der geistigen Urbarmachung widmete, so kann man tatsächlich sagen, dafs damals eine sehr fernsehende Politik herrschte.

Die bisher eingehend geschilderte Politik des Kaitakushi

kann man nicht betrachten, ohne an die friedericianische Politik erinnert zu werden. Die Geschichte der Kulturvölker zeigt, dafs die Völker immer dieselbe Bahn laufen, sei es schnell, sei es langsam. Was Preufsen in 150 Jahren, von 1640—1806, in seiner inneren Kolonisation durchführte, geschah unter der Verwaltung des Kaitakushi fast in derselben Weise in 14 Jahren, von 1869—1882.

Die japanische Regierung bestimmte im Jahre 1872, diese innere Kolonisationspolitik von Hokkaido innerhalb 10 Jahren mit 10 Millionen Yen (1 Yen damals 4 Mk.), also jährlich mit 1 Million Yen, durchzuführen. Diese Geldsumme war eine nicht geringe Ausgabe in Anbetracht der damaligen volkswirtschaftlichen und finanziellen Verhältnisse Japans. Nach Ablauf dieser Frist sehen wir verschiedentlich Änderungen in der Verwaltung betreffs der inneren Kolonisation, obgleich die Tätigkeit des Kaitakushi noch nicht ganz erloschen war.

Während der Verwaltungsperiode des Kaitakushi vermehrten sich die Einwohner auf den Inseln, wie die folgende Tabelle IV zeigt, von 58467 auf 240391.

Tabelle IV. **Die Bevölkerung.**

Jahre	männliche	weibliche	zusammen
1869	32 232	26 235	58 467
1870	38 152	28 466	66 618
1871	50 096	39 805	89 901
1872	63 090	48 106	111 196
1873	93 617	77 874	171 491
1874	99 453	80 235	179 688
1875	99 990	83 640	183 630
1876	102 558	86 044	188 602
1877	103 490	87 682	191 172
1878	113 504	92 139	205 643
1879	122 084	97 382	219 466
1880	122 714	100 576	223 290
1881	131 794	108 597	240 391

Das ist um das Vierfache. Die Urbarmachung machte noch viel bedeutendere Fortschritte. Das Areal des Ackerlandes vergröfserte sich von 815,2 ha auf 11742,2 ha, also um das Vierzehnfache, wie Tabelle V auf S. 37 zeigt.

(Hierher Tabelle V S. 37.)

Dafs unsere innere Kolonisation trotz der ungünstigen klimatischen Verhältnisse, trotz der geringen praktischen Erfahrungen, welche die Regierung im Kolonisationswesen hatte, trotz der ungünstigen politischen, wirtschaftlichen und sozialen Zustände in verhältnismäfsig kurzer Zeit einen solchen Fortschritt machte, verdanken wir hauptsächlich den Bestrebungen

Tabelle V. **Ackerland in Hektar.**

Jahre	Reisfeld	Trockenfeld	Zusammen
1869	332,3	482,9	815,2
1870	347,3	738,1	1 085,4
1871	352,0	814,5	1 166,5
1872	420,1	2 495,7	2 915,8
1873	432,4	4 006,3	4 438,7
1874	440,7	3 779,1	4 219,8
1875	445,3	4 838,1	5 283,4
1876	457,6	5 030,5	5,488,1
1877	562,3	6 524,5	7 086,8
1878	1031,7	8 853,9	9 885,6
1879	1033,1	9 108,0	10 141,1
1880	1035,2	9 694,5	10 729,7
1881	1042,2	10 700,0	11 742,2

der führenden Kreise. Allerdings war die Kolonial- und Wirtschaftspolitik des Kaitakushi nicht ganz frei von Lücken und Mifserfolgen. Ja, im Gegenteil bemerken wir ziemlich viele Fehler. Aber diese Lücken und Fehler waren verschwindend gegenüber den rühmlichen Erfolgen, welche das Kaitakushi zu verzeichnen hatte. Im grofsen und ganzen sind wir mit der Politik des Kaitakushi einverstanden.

Der Grundstein zu unserer inneren Kolonisation wurde ohne Zweifel in dieser Periode gelegt. Wie die Namen von Friedrich Wilhelm I. und Friedrich dem Grofsen in der Geschichte der preufsischen inneren Kolonisation stets genannt werden, so wird vor allem der Name des damaligen Kolonialgouverneurs, des verstorbenen Grafen Kiyotaka Kuroda stets in der Geschichte unserer inneren Kolonisation eine bedeutende Rolle spielen. Man errichtete ihm in der Hauptgouvernementsstadt Sapporo ein Denkmal.

§ 2. Die Periode der Verwaltung durch Regierungsbezirke.

Im Februar 1882 hob die Regierung die Verwaltung des Kaitakushi auf und teilte Hokkaido in drei Regierungsbezirke, nämlich: Sapporo, Hokodate und Nemuro. Die neue Verwaltungsorganisation wurde derjenigen im alten Teile Japans nachgebildet. Die Oberpräsidenten der neuen Regierungsbezirke behandelten hauptsächlich die gewöhnlichen Verwaltungsangelegenheiten; dagegen lagen die Ansiedlungsangelegenheiten und der Betrieb der staatlichen Unternehmungen von Hokkaido in den Händen des Ministeriums für Landwirtschaft und Handel zu Tokio. Obgleich die gewöhnlichen Verwaltungsangelegenheiten unter der neuen Verwaltungsform viel sorgfältiger behandelt wurden als früher, weil die Verwaltungsbezirke kleiner waren, so wurde doch der Plan der inneren Kolonisation — einer viel wichtigeren Angelegenheit — verkleinert.

Es war fast unmöglich von einem so weit entfernten Ort, wie Tokio, diese grofsartige Politik gut durchzuführen. Das Ministerium konnte weiter nichts tun, als die Politik des Kaitakushi einfach ruhig weiter fortzusetzen. Wir sehen kaum besondere Veränderungen während dieser Periode.

Die Regierung führte auch, ebenso wie das Kaitakushi, die Politik der unmittelbaren Unterstützung betreffs der Förderung der Ansiedlung durch. Im Jahre 1883 erliefs sie ein Gesetz, wonach sie die Ansiedlungslustigen, welche kein oder wenig Vermögen hatten und sich doch in Hokkaido ansiedeln wollten, unterstützte und sie auf Staatskosten von ihrer Heimat nach dieser Insel kommen liefs. Für die Reise von einem der Häfen in Hokkaido bis zu dem Bestimmungsort erhielten die Ansiedler noch 5 Sen (10 Pfg.) pro Ri (4 km) Reisegeld für eine Person über drei Jahre. Wenn sie in Hokkaido irgendein Geschäft selbständig anfingen, erhielten sie vom Staat einen Zuschufs von 10 Yen für Baukosten und 8,5 Yen für Haushaltungsgeräte usw. usw. Aufserdem erhielten die Landwirte 1,5 Yen für Sämereien. Aber wenn diese so unterstützten Ansiedler in fünf Jahren nach ihrer Ankunft wieder aus Hokkaido fortziehen wollten, mufsten sie alle diese Unterstützungskosten sofort wieder zurückzahlen. Einige Einwanderer siedelten sich infolge dieser Unterstützung im zentralen und südlichen Teil von Hokkaido an.

Noch ein anderes wichtiges Gesetz wurde in demselben Jahre veröffentlicht. Die Bestimmungen dieses Gesetzes waren besonders günstig für die Klasse der Samurai. Wie schon betont, verlor diese Klasse mit der Restauration ihr lange genossenes Vorzugsrecht, sowohl in Verwaltungs- wie auch in Militärkreisen. Als Entschädigung erhielten die Samurai Staatsschuldscheine, wovon sie in Zukunft leben konnten. Es war natürlich für die Samurai ziemlich schwer, so plötzlich ihren Beruf wechseln zu müssen. Einige Samurai fingen mit dem neuen Kapital kaufmännische Geschäfte an und andere gingen zur Industrie über. Aber die Erfolge waren im allgemeinen nicht günstig. Nun wurde es für die Regierung nötig, irgendein Mittel zu suchen, um ihnen helfen zu können. Deshalb und um die Urbarmachung in Hokkaido zu beschleunigen, unternahm der Staat wieder die Ansiedlung in Hokkaido. Das war die Ursache der Veröffentlichung des zweiten Gesetzes im Jahre 1883. Nach diesem Gesetz konnten die Samurai mit Genehmigung des Ministers für Landwirtschaft und Handel für Lebensunterhalt, Ackerbaugeräte, Sämereien, Hausbau und Reisekosten bis 363 Yen vom Staate leihen. Die Schuldner mufsten nach sieben Freijahren innerhalb von 20 Jahren diese Schuld abzahlen. Die Ansiedler erhielten in den vom Oberpräsidium bestimmten Gegenden unentgeltlich ungefähr 10000 „Tsubo“ (3¹/₃ ha) urbares Land vom Staat. Der Regierungsbezirk Sapporo hatte nach diesem Gesetz das Recht, jedes Jahr 150 solcher Familien, und die Regierungsbezirke Nemuro und Hakodate, je 50 solcher Familien ansiedeln zu lassen. Auf diese Weise entstanden drei Dörfer auf Hokkaido, die heute noch bestehen.

Die Ergebnisse waren leider nicht besonders günstig. Einige Ansiedler verliefsen den neuen Ort bald wieder und andere zahlten die Schuld nicht zurück. Der Staat machte nicht viel Gebrauch von diesem Gesetz.

Aufser diesen Ansiedlern gab es selbstverständlich auch viele andere, welche sich auf eigene Faust niederliefsen. Die Zahl der Einwohner, welche im Jahre 1881 240391 betrug, vermehrte sich bis zu Ende des Jahres 1885 auf 286941. Sie nahm jährlich etwa um rund 11700 zu, also etwas weniger als in der Periode des Kaitakushi:

1882 . . .	239632
1882 . . .	246456
1884 . . .	276414
1885 . . .	286941

Dafs die innere Kolonisation trotz der günstigen politischen, wirtschaftlichen und sozialen Zustände keinen besonderen Fortschritt machte, ist hauptsächlich die Schuld der neuen Verwaltungsorganisation. Zu Ende der Verwaltung des Kaitakushi belief sich die Zahl der Einwohner auf 240391; das Areal des Kulturlandes betrug 117422,2 ha. Aber wenn man dieses Areal mit dem ganzen verfügbaren Land in Hokkaido und die Zahl der Einwohner mit der Zahl der Bevölkerung vergleicht, welche sich in Hokkaido ernähren könnte, findet man, dafs sie nur einen kleinen Prozentsatz des Landes bezw. der Bevölkerung bilden.

Es ist kein Zweifel, dafs das Kaitakushi für die innere Kolonisation sehr viel tat, aber das Kaitakushi kam leider nicht über das Anfangsstadium der gesamten grofsen Tätigkeit hinweg. Um die innere Kolonisation von Hokkaido recht zu beschleunigen, mufste die Regierung den Plan noch mehr erweitern als denjenigen in der Periode des Kaitakushi. Keineswegs aber durfte man eine zurückhaltende Politik treiben. Wir verstehen nicht, warum die Regierung nach dem Muster der Verwaltungsorganisation im alten Teil Japans auf die gewöhnlichen Verwaltungsangelegenheiten mehr Gewicht legte und die Kolonisationstätigkeit vernachlässigte. Wir bedauern heute noch im Interesse unserer Staats- und Volkswirtschaft, dafs die Regierung eine solche unrichtige Politik durchführte. Wenn wir in der Geschichte unserer inneren Kolonisation diese Periode der Verwaltung durch Regierungsbezirke nicht gehabt hätten, so würde unsere Kolonisationstätigkeit noch eine viel bedeutendere Entwicklung gezeigt haben. Begreiflicherweise dauerte solche Politik nicht lange. Als die Zentralregierung im Jahre 1885 gründlich reorganisiert wurde, veränderte sich die Verwaltungsorganisation in Hokkaido auch, und damit treten wir in die Periode der Verwaltung durch das Hokkaido-Gouvernement ein, d. h. die gegenwärtige Periode, welche wir im nächsten Paragraphen eingehend schildern werden.

§ 3. Die Periode der Verwaltung durch das Hokkaido-Chō (Hokkaido-Gouvernement) oder die Periode der Gegenwart.

Als die Zentralregierung im Jahre 1885 gründlich reorganisiert wurde, lenkte die neue Regierung sofort ihr Augenmerk auf die innere Kolonisation in Hokkaido. Da sie bemerkte, dafs die bisherigen Verwaltungsorgane für diese grofse staatliche Tätigkeit nicht geeignet waren, hob sie im Jahre 1886 das System der Verwaltung durch die Regierungsbezirke auf und übergab die gesamte Verwaltung von Hokkaido einer einzigen Behörde, welche in der Zentralstadt Sapporo ihren Sitz hatte und die unter dem Namen Hokkaido-Chō (Hokkaido-Gouvernement) bekannt ist und unmittelbar zum Kabinett gehörte. Das war in der Tat eine Wiederherstellung des Kaitakushi. Aber die Kolonisationspolitik des neuen Gouvernements ist anders als diejenige des Kaitakushi.

Im Laufe der Zeit wurden die wirklichen Zustände in Hokkaido nach aufsen hin bekannt, und das Volk, welches in der Feudalzeit nur geringe fortschrittliche Entwicklung zeigte, raffte sich mit Energie empor, um einen günstigen Wandel in den bestehenden Verhältnissen zu schaffen. Die wirtschaftlichen Mifsstände zwangen die Leute auszuwandern, die Verkehrsverhältnisse waren in der Zwischenzeit äufserst günstige geworden. Diese und andere Umstände in- und aufserhalb Hokkaidos veranlafsten die neue Behörde, eine andere Kolonisationspolitik als das Kaitakushi durchzuführen.

Als das neue Gouvernement die Verwaltung aller Inseln in seine Hände nahm, bemühte es sich, die gewöhnlichen Verwaltungsangelegenheiten möglichst zu vereinfachen und die Ausgaben dafür zu verringern, dagegen seine ganze Kraft der Ansiedelung und Urbarmachung zu widmen. Der Grundsatz der neuen Kolonisationspolitik im Gegensatz zur unmittelbaren Unterstützungspolitik des Kaitakushi ist der: hauptsächlich die Ansiedelung der Leute, die Urbarmachung des Landes und die wirtschaftliche Entwicklung mittelbar mittelst Staatskosten zu unterstützen und zu fördern.

Das ist eine zweckentsprechende Politik. Wie das neue Gouvernement von diesem Gedanken aus seine Kolonisationspolitik durchführte, werden wir im folgenden Abschnitt sehen.

A. Verkehrspolitik.

In einem noch wenig bewohnten Lande ist es ohne Zweifel eine der wichtigsten Aufgaben des Staates, für die Entwicklung des Verkehrswesens zu sorgen. Ohne gesunde Blutadern kann ein Körper keine Arbeit leisten.

Der Bau des wichtigsten Verkehrsmittels, der Eisenbahn, wurde in Hokkaido erst im Jahre 1880 unternommen; die Linie zwischen Sapporo und Otaru wurde in demselben Jahre, und diejenige zwischen jener Stadt und Poronai im Jahre 1882 vollendet. Der Zweck dieses Unternehmens war hauptsächlich für den Betrieb der Steinkohlengruben in Poronai berechnet.

Im Anfang der Verwaltung des Hokkaido-Chō verkaufte es diese Staatseisenbahn mit den Steinkohlengruben einer Aktiengesellschaft und garantierte eine 6 %ige jährliche Dividende, um den Bau der neuen Eisenbahn zu beschleunigen[1]. Aber ob dieser Verkauf der Staatseisenbahn richtig war, ist zweifelhaft. Heute hören wir schon von einem Antrag betreffs der Verstaatlichung dieser Eisenbahnlinie. Nicht nur vom Standpunkt der Einnahmequelle des Gouvernements, sondern auch von demjenigen der Kolonisationspolitik scheint es richtiger gewesen zu sein, dafs der Staat diese wichtige Verkehrsader in seiner Hand behalten hätte. Wenn es möglich ist, wünschen wir dieses Eisenbahnnetz wieder zurückzukaufen.

Der Fortschritt der Ansiedelung in den späteren Jahren hat es nötig gemacht, dafs der Staat den Eisenbahnbau auf eigene Rechnung unternahm. Aber es war fraglich, ob der Staat in den noch nicht bewohnten oder gering bevölkerten Gebieten zunächst solch kostspieliges Verkehrsmittel wie die Eisenbahn bauen oder ob er erst nach der teilweisen Vollendung der Ansiedelung dieses Unternehmen beginnen sollte. Dieses Problem mufs man allerdings von dem finanziellen, volkswirtschaftlichen und kolonialpolitischen Standpunkte aus betrachten. Vom Standpunkt der Kolonisationspolitik aus ist es richtig, dafs unser Staat das erste Prinzip angenommen hat.

Im Jahre 1896 wurde das Gesetz betreffs des Hokkaido-Eisenbahnbaues veröffentlicht. Danach teilte das Gouvernement dieses Unternehmen in zwei Perioden. Die erste Periode begann im Jahre 1897 und soll bis zum Jahre 1907 dauern. In dieser Zeit soll eine Eisenbahnlinie von 562 englischen Meilen vollendet werden. Die Kosten dafür werden im ganzen auf 18 540 000 Yen (1 Yen = 2 Mk.) geschätzt. Für die zweite Periode hat man den Bau einer Eisenbahnlinie von 284 englischen Meilen ins Auge gefafst. Ein Teil dieses Baues, der

---

[1] Dieser Verkauf der Eisenbahn geschah in derselben Zeit, in welcher das Gouvernement die gesamten staatlichen Fabriken den Privaten übergab.

für die zweite Periode in Aussicht genommen war, wurde aber schon im Jahre 1900 von einer Eisenbahnaktiengesellschaft begonnen, welche vom Staat mit einer Prämie von 8000 Yen pro englische Meile unterstützt wird. Hokkaido hatte zu Ende des Jahres 1902 157,32 englische Meilen Staatseisenbahn und 223,7 englische Meilen Privateisenbahn, im ganzen 381 englische Meilen.

Was die Chausseen anbetrifft, so bestimmte der Staat, dafs 2000 Ri Chaussee (8000 km) vom Jahre 1902 an innerhalb zehn Jahren gebaut werden sollen. Man hat schon im Jahre 1902 115 Ri und im Jahre 1903 215 Ri Chaussee angelegt. Die gesamte Länge der Chausseen in Hokkaido betrug im letzten Jahre 1746 Ri. Wenn die vorgeschlagenen Unternehmungen alle zur Vollendung kommen, so wird Hokkaido eine ziemlich genügende Landverbindung haben. Aufser diesen gewöhnlichen Chausseen werden drei Kanäle gebaut, deren Länge 26 870 „Ken" (rund 49 km) beträgt. Dieser Kanalbau bezweckt einerseits, den Transport des landwirtschaftlichen Rohmaterials zu erleichtern, und anderseits diente er zur Entwässerung der umliegenden Gegenden. Die Verbesserung des Hafens von Hakodate ist schon fertig, und diejenige in Otaru im Gang, und in einigen anderen Häfen werden Versuche gemacht.

Um den regelmäfsigen Verkehr auf den Flüssen und auch auf dem Meere zu fördern, unterstützt der Staat die Privatunternehmungen mit Prämien. Vier Dampferlinien arbeiten mit der unmittelbaren Unterstützung des Verkehrsministeriums und neun mit Unterstützung des Hokkaido-Chō.

Der Staat erweitert jedes Jahr die Telegraphen- und Telephonlinien und vermehrt die Postämter. Im Jahre 1902 betrugen die Postwege 2906 Ri, die Eisenbahnstrecken 2090 englische Meilen und die Länge der Wasserstrafsen 2070 Seemeilen; die Länge der Telegraphen betrug 3336 Ri auf dem Lande und 620 englische Meilen im Wasser. Es gab 223 Post- und Telegraphenämter und sechs Telephonämter.

Diese oben geschilderten Tatsachen zeigen, wie das Gouvernement für die Entwicklung des Verkehrswesens besorgt war.

B. Industriepolitik.

In der Zeit, in welcher das Volk noch nicht gewöhnt ist, selbst Industrie zu treiben, ist es zweckmäfsig, ja in gewissem Sinne notwendig, dafs der Staat auf eigene Rechnung Industrie treibt, um ein Beispiel zu geben und dadurch das Volk industriell zu erziehen. Aber sobald das Volk industriell gut gebildet ist, sind staatliche Unternehmungen nicht mehr nötig, da sonst das Emporkommen der privaten Unternehmungen verhindert wird. Von diesem Gedanken aus verkaufte das

Gouvernement die sämtlichen staatlichen Fabriken an Privatleute oder lieh sie diesen zunächst und verkaufte sie dann später. Obgleich einige Fabriken später eingingen, vergröfserte sich doch der Betrieb in der Mehrzahl von ihnen.

Während das Hokkaido-Chō auf diese Weise seine industriellen Unternehmungen den Privatleuten übergab, bemühte es sich, das Kapital für die Industrie einzuführen. Zu diesem Zweck garantierte das Gouvernement in Form von Prämien den industriellen Unternehmern mit einem Kapital von mehr als 30 000 Yen die jährliche Dividende von 5% auf sechs Jahre. Diese Unterstützung genossen die Leinen-, Zucker- und Indigofabriken. Aber leider zeigten die beiden letztgenannten Fabriken keinen guten Erfolg.

Die folgenden Zahlen zeigen die industriellen Verhältnisse in den letzten fünf Jahren.

1897 . . .	4 428 632	Yen
1898 . . .	4 543 347	"
1899 . . .	5 694 032	"
1900 . . .	6 394 822	"
1901 . . .	6 404 822	"

Der industrielle Aufschwung beziffert sich, in Zahlen ausgedrückt, auf 1 976 190 Yen, das sind 48%. Vor allem nimmt der japanische Wein (Sake) die erste Stelle ein; dann kommen: japanische Saucen, Flachs- und Hanfprodukte, Bier, Zündhölzer usw.

Nach der amtlichen Zählung gab es in Hokkaido im Jahre 1901 86 Fabriken, von denen jede mehr als zehn Arbeiter beschäftigte. Ihr gesamtes Kapital betrug 3 335 877 Yen und die Zahl der Arbeiter 4975.

C. Fischereipolitik.

Entsprechend dem Verwaltungsgrundsatz des neuen Gouvernements hob es die Verfügung auf, den Fischereiunternehmern Betriebskapital zu leihen, und liefs die noch ausstehende Schuld in Raten zurückzahlen oder verzichtete darauf bei denjenigen, welche nicht imstande waren, diese Pflicht zu erfüllen. Diese Verhandlungen wurden bis zum Jahre 1889 erledigt.

Eines der wichtigsten Verdienste des Hokkaido-Chō um die Fischerei ist jedenfalls die Fischereisteuerreform. Wie schon mehrfach betont, bildete die Fischerei seit der Periode der Matsumayé die Haupteinnahmequelle der Verwaltungsbehörde in Hokkaido. Die betreffende Steuer wurde bis zur Zeit der Verwaltung durch die drei Regierungsbezirke in Form von Naturalien erhoben und betrug damals ungefähr 14% des Produktes. Um diese primitive Form der Steuer zu reformieren und den Steuerträgern die Last zu erleichtern, führte das Gouvernement im Jahre 1887 die Geldsteuer statt der Naturaliensteuer ein und setzte den Steuersatz auf 5 % des durchschnittlichen Wertes der Produkte fest, die sie in den letzten fünf Jahren gewonnen hatten. Dieses Steuersystem war in Kraft bis zum Jahre 1901, in welchem die Fischereisteuer eine Provinzialsteuer wurde.

Die gegenwärtige Steuer beträgt rund 340 000 – 350 000 Yen pro Jahr und macht etwas weniger als 3 % des gesamten Wertes der Fischereiprodukte aus. Das System der Steuererhebung ist etwas anders als im alten Teil Japans. Ganz Hokkaido wird in sogenannte Fischereibezirke geteilt; die in ihrem Ertrage vorher bestimmte Steuer wird nach dem Werte der Produkte auf die Bezirke verteilt und in den Bezirken von besonderen Steuerausschüssen nach demselben Mafsstabe auf die einzelnen Fischer umgelegt. Es handelt sich also um eine Repartitionssteuer. Hierdurch wurde die Steuerform sehr vereinfacht und die Steuerlast der Fischer beträchtlich vermindert.

In bezug auf die Technik der Fischerei vergröfserte das Hokkaido-Chō den Betrieb der Brutanstalten von Salmen und Lachsen und förderte die privaten Unternehmungen mit Hilfe seiner Techniker und durch Verteilung einer Prämie. Die letztere beträgt 300 Yen für die Errichtung der Anstalten von je 1 Million Eier und 50 Yen für je 1 Million ausgebrüteter Fische. Es gibt jetzt 19 solcher Anstalten, deren 17 in der Zeit des Hokkaido-Chō errichtet wurden, und deren 10 Prämien geniefsen.

Die Anzahl der ausgebrüteten Eier beträgt:

1894 . . .	30 006 050
1895 . . .	24 852 231
1896 . . .	22 841 390
1897 . . .	34 372 236
1898 . . .	34 945 600
1899 . . .	37 750 262
1900 . . .	35 857 450
1901 . . .	30 663 719

Ferner unterstützt das Gouvernement die Fischereiausstellungen seit dem Jahre 1896 durch Zahlung von Prämien, und zwar: 10 Yen für je 100 Ausstellungsobjekte bis zu 1000 und über diese Zahl 5 Yen für je 100 Ausstellungsobjekte; seit 1902 hat das Gouvernement diese Prämien sogar verdoppelt.

Ein lobenswertes Beginnen ist die gründliche Untersuchung über Verteilung, Menge, Gewohnheit, den Vermehrungsprozefs der Fische, über Fischereigeräte und Schiffe, Organisation der Fischerei, Verwertung der Fischereiprodukte usw. in Hokkaido. Diese Ermittlungen wurden im Jahre 1889 angefangen und ihr Ergebnis schon teilweise veröffentlicht. Sie bedeuten in

Industrie- und auch in wissenschaftlichen Kreisen eine hervorragende Leistung. Was das Hokkaido-Chō aufserdem für die Verbesserung der Fischereigeräte, die Verwertung der Fischereiprodukte, die wissenschaftlichen Arbeiten in den Fischereiversuchsstationen usw. Segensreiches tut, brauchen wir hier kaum genau zu erwähnen. Die folgenden Zahlen zeigen deutlich, wie sich dieser Gewerbezweig in der neueren Zeit entwickelt hat.

(Hierher Tabelle VI S. 46.)

Der Wert der Fischereiprodukte betrug im Jahre 1886 4539825 Yen und stieg im Jahre 1901 auf 12865912 Yen, hat sich also in der Verwaltungsperiode des Hokkaido-Chō fast um das Dreifache vermehrt. Wenn man den Wert der Fischereiprodukte im letzten Jahre mit demjenigen im Anfang des Kaitakushi vergleicht, so findet man, dafs er sich um das 33fache gehoben hat.

D. Land- und forstwirtschaftliche Politik.

Wie bemerkt, war die Haupttätigkeit des Kaitakushi auf die Entwicklung des Ackerbaues und der Viehzucht gerichtet. Es bemühte sich, mit den allermöglichsten Mitteln, welche ihm zur Verfügung standen, diese Teile der praktischen Volkswirtschaft zu fördern, so dafs diese Tätigkeit seine Mittel fast vollständig erschöpfte. Was das Hokkaido-Chō für den Ackerbau und die Viehzucht tat, ist im grofsen und ganzen eine Fortsetzung der früheren Politik in einem vergröfserten und verbesserten Mafsstabe. Die Errichtung der landwirtschaftlichen Versuchsstationen und Gestüte, die Schenkung der Sämereien an die Bauern, die Einrichtung der Wanderlehrer, das Leihen der Zuchttiere, die Prüfung der Hengste, die Körung, die Einfuhr der Pflanzen und feineren Tiere aus dem In- und Auslande, die Errichtung der landwirtschaftlichen Gesellschaften und Genossenschaften usw., diese und andere Einrichtungen, welche in der gegenwärtigen landwirtschaftlichen Politik eine wichtige Rolle spielen, hatten schon mehr oder weniger ihren Ursprung in der früheren Periode.

Aber ein besonderes Verdienst in der neueren Zeit sind ohne Zweifel die erfolgreichen Versuche in der Reiskultur in Hokkaido. Diese Versuche haben das erfreuliche Ergebnis gehabt, dafs die Reiskultur fast überall in Hokkaido getrieben werden kann. Auf dieser Tatsache ruht nicht zum wenigsten der Grund für die Vermehrung der Ansiedelung in unserer Zeit.

Die landwirtschaftliche Produktion macht einen viel bedeutenderen Fortschritt als die Fischerei und hat in der neueren Zeit schon ihre Schwester überflügelt. Hierfür sprechen die folgenden Zahlen ganz deutlich (s. die Tabellen auf S. 47 f.):

Tabelle VI. **Wert der Fischereiprodukte.**

Jahre	Hering	Lachs	Salm	Stockfische	Sardinen	Getrockneter Seeochse	Getrocknete Seegurken	Getrocknete Tintenfische	Muscheln	Laminarien	Sonstige	Zusammen	
	Yen												
1882	5 087 560	813 398	8 982	87 657	90 688	54 814	98 123	63 206	13 863	896 990	110 162	7 325 443	
1883	3 290 434	609 652	57 070	85 302	198 734	54 318	149 326	115 124	57 105	402 420	80 785	5 100 270	
1884	3 542 262	483 071	85 768	93 379	135 242	112 692	28 077	37 009	23 291	372 439	83 682	4 996 912	
1885	2 848 820	500 604	43 657	98 435	97 527	97 606	39 571	49 850	9 102	496 838	95 993	4 378 003	21 800 728
1886	3 040 455	552 284	15 846	67 050	97 519	57 397	40 320	75 803	666	479 207	113 278	4 539 825	
1887	3 602 252	723 885	85 515	63 319	239 229	25 867	51 746	42 551	1 546	379 731	48 169	5 263 812	
1888	4 243 506	762 009	157 446	65 417	160 463	45 656	41 311	27 761	993	320 608	128 360	5 953 530	
1889	4 564 353	1 159 944	48 971	88 129	257 027	37 954	38 762	92 269	1 658	395 520	120 373	6 804 960	
1890	5 771 385	694 408	201 700	84 471	229 846	40 395	75 168	124 438	19 790	553 433	169 634	7 964 668	
1891	6 069 231	678 040	44 980	78 391	309 708	22 292	47 448	56 441	7 666	412 593	145 605	7 892 395	
1892	4 912 377	808 177	151 057	111 690	246 195	12 788	38 495	73 563	10 984	670 768	136 764	7 172 858	
1893	5 585 448	849 355	53 345	128 316	692 638	33 964	38 636	144 265	24 774	1 002 298	210 137	8 763 176	
1894	6 512 895	475 508	350 031	136 311	390 364	25 814	20 555	28 733	11 779	268 048	209 323	8 429 361	
1895	6 494 335	640 844	125 293	121 460	278 857	34 722	76 696	91 772	19 405	316 244	243 056	8 395 867	
1896	8 241 184	691 741	258 636	161 670	529 958	23 525	70 326	240 230	10 578	472 160	541 465	11 241 473	
1897	10 536 108	1 051 416	269 368	335 021	328 717	37 685	59 482	118 253	3 972	577 617	680 083	13 997 702	
1898	7 235 617	1 020 217	217 746	288 377	174 306	43 552	46 222	208 497	61 760	387 807	583 654	10 267 755	
1899	8 939 434	752 460	235 404	281 063	577 976	45 019	52 976	173 115	108 840	666 925	797 853	12 631 065	
1900	7 973 135	877 093	194 309	433 589	842 526	72 208	43 391	148 491	115 829	737 355	952 977	12 390 903	
1901	8 306 855	750 048	267 707	377 723	445 475	72 885	61 106	740 944	184 002	898 318	760 849	12 865 912	144 675 262

Tabelle VII. **Ackerland (Hektar).**

Jahre	Reisfeld	Trockenfeld	Zusammen	
1882	1 192,7	13 734,9	14 927,6	
1883	1 247,6	22 231,0	23 478,6	
1884	1 396,1	25 306,8	26 702,9	
1885	1 629,2	24 197,3	25 826,5	
1886	1 698,1	28 330,8	30 028,9	
1887	2 074,6	29 276,8	31 351,4	
1888	2 194,9	32 493,2	34 688,1	
1889	2 183,1	39 270,1	41 453,2	
1890	2 239,9	42 895,0	45 134,9	
1891	2 362,6	49 679,7	52 042,3	
1892	2 598,0	54 730,1	57 328,1	
1893	2 950,0	62 727,6	65 677,6	
1894	3 334,8	78 776,3	82 111,1	
1895	3 959,5	93 847,4	97 806,9	
1896	4 831,4	110 706,9	115 538,3	
1897	6 023,2	136 683,6	142 707,0	
1898	6 824,0	163 469,7	170 293,7	
1899	8 573,9	207 021,9	215 595,8	
1900	9 983,9	231 325,7	241 309,6	
1901	12 587,7	253 197,3	265 785,0	

(Hierher Tabelle VIII S. 48.)

Tabelle IX. **Viehzucht (Stück).**

Jahre	Rindvieh	Pferde	Schweine	Schafe
1882	995	33 301	266	600
1883	1542	33 819	299	641
1884	1294	35 834	290	669
1885	1337	39 560	366	429
1886[1]	921	42 414	283	191
1887[1]	1118	45 124	545	205
1888[1]	1355	45 501	754	120
1889	2627	48 498	2064	50
1890	3298	50 968	3095	66
1891	3631	51 726	3736	81
1892	4164	53 833	3903	102
1893	4893	55 969	4413	95
1894	5197	51 494	3460	125
1895	5951	53 223	3861	154
1896	6661	54 666	4009	208
1897	6377	57 353	3704	284
1898	6741	60 958	3520	331
1899	7428	67 492	3189	296
1900	6622	75 008	4862	277
1901	7364	80 757	8245	241

[1] Die Zahl der Rinder und Pferde der Privateigentümer.

Tabelle VIII. **Wert der landwirtschaftlichen Pflanzenprodukte.**

	Yen											
Jahre	Reis	Gerste	Weizen	Buchweizen	Soja-Bohnen	Azuki (Phaseolus radiatus)	Kartoffeln	Hanf	Flachs	Indigo	Sonstige	Zusammen
1882	91 666	22 146	8 960	59 874	76 018	74 423	82 955	21 967	—	5 288	84 281	527 578
1883	78 695	26 421	7 292	15 889	58 712	51 639	63 288	14 372	—	7 916	51 837	376 061
1884	21 465	35 383	7 432	21 420	51 181	62 710	139 205	16 706	—	5 117	64 419	425 038
1885	95 313	57 040	3 381	53 568	86 825	97 463	181 604	12 170	—	2 906	120 144	710 414
1886	165 458	57 041	14 046	41 310	51 165	83 365	211 618	16 210	—	3 634	208 617	852 464
1887	111 918	55 646	14 322	40 113	80 248	102 282	213 476	22 068	—	13 611	173 341	827 025
1888	71 351	43 567	25 783	52 974	100 149	104 523	106 029	61 542	—	36 668	205 367	807 953
1889	56 034	33 348	29 524	22 130	127 211	93 328	140 912	28 988	—	50 390	95 241	677 106
1890	279 168	73 515	41 926	82 832	175 592	159 808	207 104	66 382	27 364	16 505	168 105	1 298 301
1891	152 001	68 317	56 343	82 132	171 113	197 576	334 693	69 708	23 363	16 332	221 142	1 392 720
1892	301 398	51 331	71 655	112 755	250 480	269 407	312 069	98 198	93 376	23 805	417 320	2 001 794
1893	176 296	48 776	92 045	75 939	210 320	257 780	323 013	152 595	161 929	10 092	232 525	1 741 310
1894	405 018	46 283	95 018	137 331	364 040	560 076	466 774	411 971	51 596	21 065	674 287	3 233 459
1895	320 288	79 622	117 040	140 283	408 092	521 557	327 398	290 622	167 798	12 930	847 517	3 233 147
1896	524 163	109 725	99 192	158 112	591 652	653 370	470 096	280 244	312 808	64 145	1 670 206	4 834 521
1897	536 686	246 099	148 424	268 965	917 691	1 008 782	1 084 083	166 475	569 078	82 372	2 130 140	7 158 795
1898	841 693	228 290	289 568	249 750	895 265	1 065 297	1 173 774	124 785	90 346	41 189	2 363 789	7 363 746
1899	985 971	302 265	595 532	361 570	1 912 223	2 352 239	1 113 875	42 335	69 046	61 313	4 083 730	11 880 099
1900	1 331 275	354 144	523 790	375 808	1 944 881	1 603 915	2 004 581	15 329	265 640	108 190	4 790 021	13 317 574
1901	1 670 917	327 076	666 014	424 708	1 979 151	1 719 373	1 353 259	72 644	193 162	50 020	4 885 786	13 342 010

Was die forstwirtschaftliche Politik anbetrifft, so sehen wir, dafs die bisherigen Verwaltungsbehörden diesen Teil vernachlässigt haben. Damals wurde der Wald noch als ein Feind der Urbarmachung betrachtet, und man kümmerte sich gar nicht um die zukünftigen Bedürfnisse an Holz und anderen Waldprodukten. Hokkaido hat allerdings gegenwärtig noch rund 5 900 000 ha Waldland, welches 73,8 % des gesamten Areals von Hokkaido ausmacht. Aber wenn man den Wald, dessen Herstellung mehrere Jahre beansprucht, der Verwüstung preisgibt, so wird man sicher in Zukunft viel Schaden dadurch erleiden, ja wir bemerken heute schon die Wirkungen dieser vernachläfsigten Behandlung, besonders in bezug auf den Fischfang und das Brennmaterial in den schon urbar gemachten Gebieten.

Um diesem Schaden vorzubeugen, unternimmt es das Gouvernement seit 1900, zunächst die Forstart in Hokkaido zu bestimmen; es beabsichtigt nämlich: 2 Millionen ha als Staatsforst, 1,2 Millionen ha als öffentlichen Forst und 40 000 ha als Privatforst zu behalten und die übrigen 1 920 000 ha für Ackerbau und Viehzucht zur Verfügung zu stellen. Aufser diesem Unternehmen richtete das Gouvernement Baumschulen ein, um so einerseits selbst Forstkultur treiben zu können und anderseits mit den Spröfslingen die privaten Unternehmungen zu unterstützen. Es ist zweifellos eine weitsichtige Politik des neuen Gouvernements, dafs es die Forstpolitik aufgenommen hat und systematisch durchführt.

Was wir eben kurz geschildert haben, ist die allgemeine Wirtschaftspolitik, durch welche das materielle Wohl der Inseln gehoben wird. Die Landbaupolitik werden wir im folgenden Abschnitt etwas eingehender erörtern.

E. Landbaupolitik.

1. Die Auswahl der ansiedelungsfähigen Gebiete.

Merkwürdigerweise war das Kaitakushi trotz seiner grofsen Bestrebungen für die Kolonisation über das Areal des Gebietes, in dem es die Einwanderer sich ansiedeln liefs, über das Flächenmafs des Acker- und Wiesenlandes, welches man in Hokkaido mit oder ohne Melioration bekommen konnte, nicht unterrichtet. Ohne diese Kenntnisse kann man tatsächlich nicht den richtigen Grundsatz der Kolonisationspolitik und die Methode der Kolonisation festsetzen.

Es ist eine lobenswerte und zweckmäfsige Politik des neuen Gouvernements, dafs es frühzeitig sein Augenmerk auf diese Frage richtete und sie als erste Aufgabe seiner Tätigkeit lösen wollte. Seit 1886 sendet das Gouvernement jedes Jahr die in landwirtschaftlichen und anderen Fächern erfahrenen Sachverständigen ins Innere der Inseln, um die grofsen, ansiedlungsfähigen Gebiete auszuwählen, um Klima, Bodenbeschaffenheit, Trinkwasser, Flora, Fauna, Verkehrswesen usw. zu untersuchen. Bis 1889 war diese Auswahl der grofsen Gebiete auf allen Inseln vollendet. Das Ergebnis wurde im Druck veröffentlicht. Aber da die Einwanderung von Jahr zu Jahr zunahm, so unternahm es das Gouvernement seit 1892 wieder, die kleineren ansiedlungsfähigen Gebiete auszuwählen und ihre Verwendbarkeit zu prüfen.

Nach den gegenwärtig in Kraft getretenen Bestimmungen werden die Gebiete als ansiedelungsfähig anerkannt, welche folgende Eigenschaften haben:

1. Gebiete, in welchen man Ackerbau oder Viehzucht treiben kann;
2. Gebiete, deren Areal über 500 000 „Tsubo“ ($166^2/_3$ ha) grofs ist; jedoch sind die Gebiete, deren Areal kleiner ist, je nach den geographischen Verhältnissen als ansiedlungsfähig verwendbar;
3. Gebiete, deren Senkung unter 20^0 ist;
4. Gebiete, deren Lage nicht höher als 200 m über dem Meeresspiegel ist. Liegt ein Gebiet höher als 200 m über dem Meeresspiegel, so kann es doch als ansiedlungsfähig befunden werden, wenn man dort Ackerbau oder Viehzucht treiben kann.

Mit dem Versuch der ansiedlungsfähigen Gebiete nach den eben geschilderten Richtungen, beobachten die Sachverständigen zugleich genau die folgenden Punkte, um zu entscheiden, ob der Staat den Ansiedlungslustigen diese Gebiete übergeben oder in seiner Hand behalten soll, nämlich:

1. Name des Gebietes;
2. Lage und Areal des Gebietes;
3. Lage und Form der Gebirge, Flüsse, Seen, Teiche, Hügel usw.;
4. ob das Gebiet Wald- oder Wiesenland ist;
5. Menge und Qualität des Flufswassers, die geologische Eigenschaft des Flufsufers und des Flufsbodens;
6. Menge der Niederschläge und die Gefahr der Überschwemmung;
7. agronomische Zustände des Bodens;
8. Flora und Fauna;
9. Klima;
10. geeignete Beschaffenheit für Ackerbau und Viehzucht;
11. Notwendigkeit des Chausseebaues und der Entwässerungsanlagen;
12. Lage und Zustände der Dörfer der Eingeborenen;
13. Anwendbarkeit des Vermessungswesens;
14. Entfernung und Zustände der Nachbardörfer;

15. landwirtschaftliche und Handelsverhältnisse, Preise der Produkte und Arbeitslöhne in den nächsten Dörfern oder Städten.

Wenn die Auswahl des Gebietes vollendet ist, so machen die Sachverständigen einen Bericht über diese Punkte der betreffenden Gebiete und fügen eine Karte im Gröfsenverhältnis von 1 : 25 000 bei.

Nach diesen Bestimmungen wurden folgende Flächen Landes innerhalb 14 Jahren, von 1886 bis Ende des Jahres 1900, ausgewählt und ihre Verwendbarkeit für die Ansiedlung geprüft.

Tabelle X. **Das ausgesuchte Areal (ha).**

Provinzen	für Ackerbau	für Viehzucht	für Ackerbau und Viehzucht nach grofsen Meliorationen	Zusammen
Ishikari . .	276 980	11 945	79 459	368 384
Iburi . . .	147 416	45 212	810	193 438
Shiribeshi .	59 036	8 926	—	67 962
Oshima . .	10 322	—	—	10 322
Hidaka . .	29 574	43 096	—	72 670
Tokati . .	98 556	201 834	6 517	306 907
Kushiro . .	109 262	80 598	21 783	211 643
Nemuro . .	42 752	77 658	7 407	127 817
Kitami . .	73 415	46 866	13 610	133 891
Teshio . .	66 710	9 148	18 951	94 809
Zusammen .	914 023	525 283	148 537	1 587 843

Das ausgesuchte Areal beträgt im ganzen 1 587 843 ha; davon ist dasjenige, welches unmittelbar für den Ackerbau verwendbar ist, 914 023 ha grofs und dasjenige, welches für die Viehzucht verwendbar ist, 525 283 ha grofs. Die übrigen 148 537 ha bedürfen einer grofsen Melioration, hauptsächlich der Entwässerung, um dem landwirtschaftlichen Zweck genügen zu können.

2. Das Vermessungswesen.

Um baldmöglichst über das Land verfügen zu können, und zugleich die Ordnung der Gehöfte auf dem Lande herzustellen, unternimmt das Hokkaido-Chō seit 1889 in eben geschilderter Weise, die ausgesuchten, ansiedlungsfähigen Gebiete nach einem Quadratsystem zu messen und zu teilen.

Es gibt im grofsen und ganzen drei Systeme des Vermessungswesens in den ansiedlungsfähigen Gebieten, nämlich:

1. man teilt das verfügbare Land in bestimmter Entfernung, sowohl von Nord nach Süd als von Ost nach West, ohne Rücksicht auf die oberflächliche Gestaltung des

Landes, wie im System der Vereinigten Staaten von Nordamerika;

2. mit Rücksicht auf die natürlichen und wirtschaftlichen Verhältnisse teilt man das Land in grofse, mittlere und kleinere Güter, auch Arbeiter- und Handwerkergüter, und je nach den Wünschen der Ansiedlungslustigen kann man mit Genehmigung der betreffenden Behörde diesen Teilungsplan auch ändern. Dieses System wird in den Ansiedlungs- und Rentengütern in Preufsen ausgeübt.

Das erste System ist für die Ansiedlung in grofsem Mafsstabe geeignet und das zweite für diejenige in etwas kleinerer Ausdehnung. Unsere innere Kolonisation ist nicht so grofs wie diejenige in den Vereinigten Staaten von Nordamerika, aber auch nicht so klein wie diejenige in Preufsen. Deswegen steht unser Vermessungssystem im Zwischenstadium der beiden Systeme und bildet so die dritte Art des Vermessungswesens. Unsere Vorfahren haben allerdings ein Beispiel an dem Vermessungssystem der Vereinigten Staaten von Nordamerika genommen, aber mit gewissen Änderungen in Rücksicht auf unsere landwirtschaftlichen und volkswirtschaftlichen Zustände.

Die Grundzüge unseres Systems sind folgende:

Es werden die schon bestehenden oder der neu zu bauenden Hauptchausseen kreuzweise in einer Entfernung von je 900 Ken (1 Ken = 6 Fufs) in gerader Linie gezogen. So entstehen Quadrate von 270 ha. Diese Quadrate nennt man grofse Sektionen und zerfallen in neun mittlere Sektionen, welche je 30 ha (300 × 300 Ken) grofs sind. Diese mittleren Sektionen werden wieder in sechs kleine Sektionen geteilt, und zwar sind diese dann je 5 ha grofs (100×150 Ken). Eine solche Sektion bildet die Einheit für die Bauernwirtschaften und entspricht der „Quarter Section“ im System der Vereinigten Staaten von Nordamerika.

Um die mittlere Sektion herum sind die Wege 4 oder 6 Ken breit, je nach der geographischen Lage. Die Hauptwege und die Wege mit Entwässerungsanlagen sind 8 Ken breit, die Bezirkswege 12 Ken und die Landwege 15 Ken.

Wenn es nach der natürlichen, oberflächlichen Gestaltung des Landes unmöglich ist, dasselbe nach dem Quadratsystem regelmäfsig zu teilen, oder wenn es unzweckmäfsig ist, dieses System anzuwenden, so braucht man nicht das Areal der kleinen, mittleren und grofsen Sektionen von 5, 30 bezw. 270 ha festzuhalten. Nach unserem System mifst und teilt man nur die als ansiedlungsfähig befundenen und bestimmten Gebiete, so dafs man den grofsen Fehler des amerikanischen Vermessungssystems, das „sich in keiner Weise an die natürliche Oberflächengestaltung anschliefst"[1], vermeiden kann, sowie auch die im amerikanischen System herrschende Unbequemlichkeit betreffs der Wegenetze. Mit unserem Vermessungssystem wird das erreicht, was Sering im amerikanischen System anstrebt, und zwar wäre: „ein Vermessungsplan, welcher sich den Bodenverhältnissen angeschlossen und gleichzeitig auf die Auslegung eines wohldurchdachten Strafsennetzes Bedacht genommen hätte, theoretisch sehr viel besser gewesen"[2].

Während ein Township, welches 144 bäuerliche Besitztümer in den Vereinigten Staaten von Nordamerika und in den Domänen von Kanada umfafst, und während ein Gut von 300 ha an in Form von Rentengütern in Preufsen[3] eine zukünftige Gemeinde bilden kann, ist man bei unserem Vermessungssystem der Ansicht, mit 300—500 kleinen Sektionen eine Gemeinde zu bilden. Der Vergleich dieser beiden Zahlen zeigt uns, dafs die letztgenannte die gröfsere ist. Als die japanische Zentralregierung im Jahre 1886 das Gesetz, betreffend die Selbstverwaltungsgemeinde, in den alten Teilen Japans durchführte, bemühte sie sich, die dort bestehenden kleinen Gemeinden nach dem Mafsstabe von 300—500 Familien zusammen zu einem Gemeinwesen zu vereinigen. Das Hokkaido-Chō nahm die gesammelten Erfahrungen für sein System einfach an.

Bei dem Teilungsverfahren nach dem Quadratsystem mufs auf die folgenden Punkte Rücksicht genommen und Land für verschiedene, namentlich öffentliche Zwecke vorbehalten werden.

1. Schutzwälder in bezug auf die Landschaft und die Wasserquellen sowie zur Abwehr des Windes. Ein Gebiet von 1800 Ken soll einen zweckmäfsigen Schutzwald gegen Wind haben;
2. Stadtanlage für 300—1000 Familien, deren Bauland je 84 Tsubo (6×14 Ken) umfafst;
3. Bodenfläche für öffentliche Gebäude von etwa 5 ha;
4. Bodenfläche für zu errichtende Schulen von 1 ha;
5. Bodenfläche für zu errichtende Krankenhäuser von $^1/_2$ ha.
6. Bodenfläche für zu errichtende Shinto- und Buddhatempel von $^1/_3$ ha;
7. Bodenfläche für öffentliches Gartenland in beliebiger Gröfse;
8. Bodenfläche für Begräbnisplätze von 5 ha;

---

[1] Sering, Die landw. Konkurrenz Nordamerikas, S. 109.
[2] Sering, a. a. O. S. 110.
[3] Metz, Innere Kolonisation in den Provinzen Brandenburg und Pommern von 1891—1901. S. 6. Die meisten der Rentengüter sind 10—15 ha grofs; deshalb kann ein Gut mit 300 ha von 20—30 Familien bewohnt werden.

9. Gemeindeland von 100 ha Kulturland, dessen Einnahmen ungefähr $^{2}/_{10}$ der Gemeindeausgaben decken kann;
10. Wald zur Gewinnung von Brennmaterial und Weideland, nach dem Maſsstabe von 4 ha pro Familie für die erste Kategorie und 5 ha für die zweite;
11. Bodenfläche zu Böschungsarbeiten in den folgenden Maſsen:

Die Breite der Flüsse:		Bodenfläche für die Böschungsarbeiten:
Weniger als:	1 Ken (6 Fuſs)	½— 1 Ken breit
	1— 3 „	2— 4 „ „
	3— 5 „	4— 6 „ „
	5—10 „	6— 12 „ „
	10—20 „	12— 20 „ „
	20—40 „	20— 40 „ „
	40—80 „	40— 60 „ „
mehr als	80 „	40—120 „ „

12. Böschungsland von 5—30 Ken breit um die Seen und Teiche herum und von 5—15 Ken am Seeufer entlang.

Die Landmesser und Sachverständigen machen nach diesen Bestimmungen einen Entwurf der Teilung und eine Sektionskarte im Gröſsenverhältnis von 1 : 25 000. Mit Genehmigung des Zivilgouverneurs des Hokkaido-Chō wird dieser Entwurf durchgeführt. Nach diesen Bestimmungen wurden vom Jahre 1889—1901 die folgenden Sektionen geteilt.

Tabelle XI. **Die geteilten Sektionen.**

Jahre	Sektionen	Areal (Tsubo)
1889	231	4 887 514
1890	1 275	25 552 296
1891	7 919	120 055 920
1892	7 218	92 836 647
1893	3 492	44 412 374
1894	6 287	102 624 934
1895	12 956	156 564 474
1896	8 591	210 726 864
1897	13 373	183 723 012
1898	9 507	160 471 744
1899	10 350	151 865 458
1900	13 785	313 910 221
1901	6 688	209 454 353
Zusammen .	101 672	1 777 085 815

Daſs das Hokkaido-Chō im Gegensatz zu den früheren Verwaltungsbehörden das ansiedlungsfähige Gebiet in einer dem Bedürfnis der Ansiedler entsprechenden Weise miſst und teilt, hat verschiedene Vorteile gehabt, deren wichtigste folgende sind:

1. Da das Sektionssystem vor der Verteilung das Land schon in zweckmäſsige Gröſsen geteilt hat, so ist das Gouvernement in der Lage, gleichzeitig den vielen Ansiedlungslustigen Land zur Verfügung zu stellen;
2. da die Sektionen regelmäſsig geteilt sind, so kann man das Areal des Grundstückes leicht bestimmen; es finden aus diesem Grunde wenig Grenzstreitigkeiten zwischen den Nachbarn statt;
3. um 5 ha Land zu bebauen, ist es nötig, Zuchttiere zu halten, und zu diesem Zweck ist die Quadratsektion am besten geeignet;
4. wenn ein Grundeigentum aus mehreren Grundstücken besteht, so neigt man leicht dazu, einen Teil davon zu veräuſsern, aber in einem nach dem Quadratsektionssystem geteilten Lande kommt solcher Fall äuſserst selten vor;
5. die regelmäſsig geteilten Grundstücke haben verhältnismäſsig kurze Grenzlinien, daher kann man die Ausgabe für die Umzäunung ersparen;
6. da das Land konsolidiert ist, kann man ohne Schwierigkeit den Betrieb aufrechterhalten.

Obgleich das Sektionssystem derartige kaum zu unterschätzende Vorteile hat, ist es doch eine wichtige Frage, ob die Ansiedler das regelmäſsig geteilte Eigentum lange erhalten werden. Wenn dies nicht der Fall ist, wird man sich zu entscheiden haben, ob die Regierung die freie Verfügung des Eigentums gesetzlich beschränken soll, wie die sächsische, württembergische, bayrische und preuſsische Gesetzgebung in der Mitte des vorigen Jahrhunderts[1] oder wie das Gesetz von 1895 in bezug auf das Anerbenrecht in den Ansiedlungs- und Rentengütern in Preuſsen.

In dieser Beziehung ist es meiner Meinung nach besser, den Grundbesitz zur freien Verfügung der Grundbesitzer zu lassen. Nur mag es zweckmäſsig sein, in gewissem Maſse mit mittelbaren Mitteln die Verteilung des quadratisch geteilten Grundstückes vorzunehmen; z. B.

1. Wenn die Bauern in Hokkaido nur mit Handgeräten, wie sie in alten Teilen Japans gewöhnt sind, Ackerbau zu treiben, so ist es eine natürliche Folge, daſs das Land wiederum in kleine Stücke zerteilt wird. Deshalb ist es richtig, die Bauern zu lehren, mit Hilfe von Maschinen und Zugtieren den Betrieb aufrecht zu erhalten;

[1] Roscher, Volkswirtschaft, II. Bd., 3. Aufl., S. 662—668.

2. ein weiteres Mittel ist, die Lebensweise der Bauern möglichst zu verbessern, da sie sich mit den Erträgen aus den kleinen Grundstücken nicht ernähren können;
3. wenn die Gefahr vorhanden ist, das Land in zu kleine Teile zu zerstückeln, so mag es zuweilen zweckmäfsig sein, als äufserstes Mittel gesetzlich das Maximalareal des Landes festzusetzen, welches man teilen kann, oder die Teilung des Landes zu gestatten, wenn sie in Parallellinien zu den Grenzen stattfindet, so dafs keine unregelmäfsige Sektion herauskommt. Aber ich empfehle, dieses dritte Mittel nur als äufserstes Mittel anzuwenden.

Wir fügen hier hinzu, dafs, obgleich unser Gesetz gänzlich freie Verfügung des Grundeigentums gestattet, wir doch keine Befürchtungen vor der äufsersten Verteilung des Grundstückes hegen, wie in Frankreich oder wie auf der rechten Seite des Rheins in Preufsen, weil es unsere Sitte gebietet, dafs der erste Sohn (in einer Provinz der jüngste Sohn) gewöhnlich die ganzen Immobilien und zuweilen auch die Mobilien ererbt.

Aus den eben geschilderten Bestimmungen in bezug auf das Vermessungswesen wird man gleich ersehen, wie die Landbaupolitik in unserer inneren Kolonisation sich in der neueren Zeit verändert hat. In der Zeit des Kaitakushi und auch in der Periode der Verwaltung durch die Regierungsbezirke mafs und teilte man das Land je nach Wunsch der Ansiedler, und diese wohnten meistens in einem Dorf zusammen. Aber nach dem neuen System nimmt man das Hofsystem statt des Dorfsystems an. Über die Vorteile und Nachteile dieser beiden Systeme diskutieren die Sozial- und Agrarpolitiker gern [1]. Beide Systeme haben sowohl ihre Vorteile wie ihre Nachteile. Schliefslich müssen sie nach der natürlichen Lage, Klima, Sitte, Gewohnheit, den psychologischen Eigenschaften des Volkes, den landwirtschaftlichen und volkswirtschaftlichen Verhältnissen usw. beurteilt werden. Was für ein Volk geeignet ist, kann nicht immer bei anderen Völkern zur Anwendung kommen.

Die französischen Einwanderer bei St. Laurence, die Pilgrimsfathers in Neu-England und die altspanischen Kolonisten an der Westküste von Nordamerika (sog. Pueblo) siedelten sich zusammen in Dörfern an, während die moderne Landpolitik in den Vereinigten Staaten von Nordamerika und auch in den Domänen von Kanada das wohlbekannte Hofsystem annimmt. So ist es der Fall mit den Ansiedlungsgütern in Westpreufsen und Posen. Während die meisten der An-

[1] Sering, a. a. O. S. 108—110. Roscher, a. a. O. S. 331—337. Meizen, Der Boden, Bd. VI, S. 25—55. Schmoller, Grundrifs der allgemeinen Volkswirtschaftslehre, S. 254—277.

siedlungsgüter einzelne Gehöfte sind, errichtet die preufsische Regierung jetzt in Golenczewo bei Zlotnik ein Musterdorf. Es ist auch eine wohlbekannte Tatsache, dafs die Bauern in Sachsen und Westfalen zwei ganz verschiedene Typs der Wohnungsweise zeigen. „Dort (Sachsen) wohnen die Leute beisammen, und deshalb müssen sie schon höflich und nachgiebig und betulich miteinander sein. Aber hier (Westfalen) sitzt ein jeder auf seiner Kampe, hat sein Holz, sein Feld, seinen Wiesenwachs um sich, als gäbe es sonst nichts in der Welt. Darum halten sie auf ihre alten Schnurren und Faxen so steif, die anderwärts überall abgekommen sind." (Immermann, Der Oberhof.)

Nun fragt man sich, ob unsere Bauern in einzelnen Höfen und Dörfern getrennt oder zusammen wohnen? Wie ich darüber schon an anderen Stellen kurz berichtete, haben wir noch keine wissenschaftliche Untersuchung darüber; doch gibt es nach meiner Beobachtung, je nach den Gegenden, beide Systeme in unserem Lande.

Im grofsen und ganzen stimme ich der Politik des Hokkaido-Chō bei, dafs es das Hofsystem gewählt hat. Abgesehen von den allgemeinen bekannten Vorteilen des Hofsystems ist eine Entfernung von 100 Ken (182 m) voneinander nicht so weit, dafs sie der Gewohnheit der Bauern widerspricht. Aufserdem können die Bauern, welche eng zusammenwohnen wollen, ihre Häuser dicht in einer Ecke der Sektion zusammenbauen, so dafs vier Bauern ganz nahe wohnen und damit die Vorteile des Hof- und auch des Dorfsystems geniefsen können.

3. Die Landgesetzgebung.

Die Landgesetzgebung trat in der Zeit des Kaitakushi in Kraft und dauerte fast unverändert bis zum Jahre 1886. Als das Hokkaido-Chō seine Kolonisationstätigkeit anfing, erneuerte es die Landesgesetzgebung; danach konnte jeder Japaner Staatsland bis zu 100000 Tsubo ($33^1/_3$ ha) zunächst vom Staat unter der Bedingung leihen, dafs er es innerhalb zehn Jahren urbar machte. Wenn die Ansiedler in der bestimmten Zeit die Urbarmachung vollendet hatten, so kauften sie dann das Land vom Staat zum Preise von 1 Yen pro 1000 Tsubo ($^1/_3$ ha); für zehn Jahre (seit 1889 für 20 Jahre) war das gekaufte Land steuerfrei. Aber diejenigen, welche in grofsem Umfang Ackerbau oder Viehzucht treiben wollten, und die sicher waren, das gesteckte Ziel auch zu erreichen, konnten ausnahmsweise mehr als 100000 Tsubo bekommen.

Nach einigen Abänderungen dieses Gesetzes in späteren Jahren trat ein neues Gesetz betreffs der Verfügung des staatlichen urbar zu machenden Landes in Hokkaido im Jahre 1897 in Kraft. Dieses Gesetz mit der kaiserlichen Verordnung und der Verordnung des Gouvernements von Hokkaido in demselben Jahre bildet den Grundstein der gegenwärtigen Landgesetzgebung. Darüber werden wir hier etwas eingehender berichten. Wir beschränken uns darauf, über die Verfügung des staatlichen, urbar zu machenden Landes für den Zweck des Ackerbaues, der Viehzucht oder des Waldbaues zu sprechen.

Nach dem gegenwärtig bestehenden Gesetz kann jeder Japaner, welcher in Hokkaido Ackerbau, Viehzucht oder Waldbau treiben will, vom Staat zuerst unentgeltlich ein Stück des urbar zu machenden Landes entleihen, dessen Maximalareal für den Zweck des Ackerbaues auf 1 500 000 Tsubo (500 ha), für den Zweck der Viehzucht auf 2 500 000 Tsubo ($833^1/_3$ ha) und für den Zweck des Waldbaues auf 2 000 000 Tsubo ($666^2/_2$ ha) bestimmt ist. Aber die eingetragenen Gesellschaften und Genossenschaften haben den Vorzug, das Doppelte des oben genannten Areals leihen zu können. Um mehr als 100 000 Tsubo Land zu entleihen, mufs man ein entsprechendes Vermögen haben und zwar mehr als 2 Yen pro 100 Tsubo für den Zweck des Ackerbaues und des Waldbaues und mehr als $^7/_{10}$ des erforderlichen Unternehmungskapitals für die Viehzucht. Das zu entleihende Land ist meistens nach dem schon geschilderten Vermessungswesen gemessen und geteilt, aber der Staat verleiht auch das ungeteilte Land, je nach den Umständen, hauptsächlich, wenn es sich um Viehzucht oder Waldbau handelt.

Um geeignete Ansiedler zu gewinnen, gewährt das Gesetz folgende Vorzugsrechte:

1. Die Bewerber, welche über den Zweck der Ansiedlung, das Areal des Landes, welches sie in Hokkaido haben wollen, ihren bisherigen Beruf, ihr Vermögen, die Betriebsweise der Geschäfte usw. einen Ausweis vom Gouverneur des Regierungsbezirkes, in welchem sie wohnen, haben, erhalten den Vorzug;
2. wenn sich mehr als 20 Familien innerhalb von drei Jahren zusammen ansiedeln wollen, bestimmt der Staat für die noch nicht angesiedelten Einwanderer ein entsprechendes Areal des Landes vorher und behält es zu seiner Verfügung. Wenn die Periode der Vorbehaltung des Landes zwei Jahre beträgt, so müssen mehr als die Hälfte der betreffenden Familien in den ersten Jahren und, wenn sie drei Jahre ist, mehr als ein Drittel in den ersten Jahren sich ansiedeln. Endlich
3. für diejenigen, welche über 200 000 Tsubo ($66^2/_3$ ha) Land eigen bewirtschaften, für diejenigen, welche in der eben unter 2. geschilderten Weise sich ansiedeln, und für diejenigen, welche mehr als 20 Pächter in derselben Weise wie unter 2. ansiedeln lassen, bestimmt der Staat das Land, welches im allgemeinen nicht verliehen wird, vorher und behält es zu seiner Verfügung.

Wenn man überhaupt die Erlaubnis vom Staat erhält, Land zu entleihen, so mufs man innerhalb von 30 Tagen an den Grenzlinien seines Landes Holzpfähle als Merkmal errichten und innerhalb eines Jahres seine Arbeit auf eigene Rechnung nach einem vorher bestimmten und vom Staat genehmigten Plan beginnen. Wenn das nicht geschieht, so verliert der Ansiedler sein Leihrecht. Der Staat unterstützt ihn keineswegs materiell, wie in der Zeit des Kaitakushi oder in der Verwaltungsperiode durch die drei Regierungsbezirke. Aufserdem sind die Entleiher verpflichtet, ihre Arbeit in einer bestimmten Zeit zu vollenden, und zwar:

das	Land	weniger	als	5000	Tsubo	in	3	Jahren
„	„	„	„	15000	„	„	5	„
„	„	„	„	30000	„	„	6	„
„	„	„	„	60000	„	„	8	„
„	„	„	„	100000	„	„	9	„
„	„	mehr	als	100000	„	„	10	„

Für den Waldbau und die Moormelioration ist das Maximum dieser Leihzeit bis auf 20 Jahre verlängert, und wenn die Entleiher durch elementare Not oder aus irgendwelchen unvermeidlichen Ursachen ihre Arbeit in der bestimmten Zeit nach dem Plan nicht vollendet haben, so können sie die Erlaubnis vom Staat erhalten, ihre Tätigkeit bis zur Hälfte der Leihzeit hinauszuschieben. Diese Beschränkung der Leihzeit ist allerdings wichtig für die Vorbeugung der Landspekulation. Der Staat untersucht aufserdem manchmal in der Zwischenzeit, ob die Entleiher nach ihrem Plan tatsächlich arbeiten.

Es ist selbstverständlich, dafs die Entleiher nicht das Recht haben, über das geliehene Land beliebig verfügen zu können. Nur in den folgenden fünf Fällen können sie mit Genehmigung des Gouverneurs des Hokkaido-Chō das Land verpfänden, verkaufen oder übergeben:

1. Im Fall der Erbfolge oder Bildung einer Nebenlinie;
2. im Fall der Hindernisse durch elementare Not oder aus anderen unvermeidlichen Ursachen;
3. im Fall des Umzugs, des Berufswechsels oder der Krankheit, wodurch die Entleiher ihren eigentlichen Zweck nicht erreichen können;
4. im Fall der Übergabe des Leihrechts an die Pächter, und endlich
5. im Falle der Vollendung der Arbeit noch vor Ablauf der Leihzeit.

Wenn die Entleiher in der bestimmten Zeit ihre Arbeit vollendet haben, so können sie vom Staat unentgeltlich das vollkommene Privateigentumsrecht über das betreffende Land erwerben. Diese Bestimmung ist eine nennenswerte Veränderung in der gegenwärtigen Gesetzgebung. Wie wir schon gesehen haben, hielt der Staat von der Zeit des Kaitakushi an bis zur Erlassung des neuen Gesetzes im Jahre 1897 den Verkaufsgrundsatz für die Verfügung des Staatslandes aufrecht, wie in den Vereinigten Staaten von Nordamerika oder in Australien und Neu-Seeland. Danach mufsten die Ansiedler für ihr urbar gemachtes Land einen, wenn auch nur geringen Preis bezahlen, um das Eigentumsrecht zu erwerben. Dieser Verkauf bedeutet einerseits für den Staat keine besondere Einnahmequelle, und anderseits können die Ansiedler, wenn ihnen der Staat das Land unentgeltlich überläfst, ihr Kapital soviel wie den Kaufpreis sparen und das Geld für die Ausrodung oder für andere Zwecke verwenden. Das ist ein Vorteil für die Ansiedler und kein grosses Opfer für den Staat. Von diesem Grundsatz aus setzte der Staat das eben geschilderte Verfügungssystem fest.

Wenn die Entleiher innerhalb eines Jahres nach Ablauf der Leihzeit das Eigentumsrecht vom Staat nicht erbitten, so verlieren sie dieses Recht. Wenn man diese Bestimmung nur oberflächlich betrachtet, so erscheint sie eigentümlich. Aber das hat seinen Grund darin, da das Land selbstverständlich während der Leihzeit steuerfrei ist, und das nach dem Gesetz Privateigentum gewordene Land noch 20 Jahre hindurch von der Grundsteuer und von den Provinzialsteuern frei ist; infolgedessen beeilen sich die Leute nicht, das Eigentumsrecht zu erbitten; denn je später dies geschieht, desto länger würden sie die Steuerfreiheit geniefsen; deshalb hat man die Zeit des Bittrechtes nur auf ein Jahr bemessen.

Aber es gibt auch Leute, welche vor der Vollendung der ganzen Arbeit das Eigentumsrecht erwerben wollen; in solchem Fall gibt der Staat die Erlaubnis, das Recht über das urbar gemachte Land oder einen Teil davon zu erwerben, wenn die Ordnung des Landes dadurch nicht beeinträchtigt wird. Das Gesetz bestimmt das Areal des Landes, welches man in einem solchen Ausnahmefall erhalten kann, auf mindestens 5000 Tsubo. Für das geliehene Land, welches bis zu 30000 Tsubo grofs ist, kann der Entleiher das Eigentumsrecht nur einmal erbitten, für dasjenige, welche bis zu 100000 Tsubo grofs ist, zweimal und für dasjenige bis zu 1 Million Tsubo, dreimal.

Wenn man das Eigentumsrecht erworben hat, so mufs man innerhalb 30 Tagen an der Grenze des Landes Holzpfähle errichten, und dieselben müssen innerhalb 10 Jahre erneuert werden. Wenn die Eintragung im Grundbuch innerhalb von sechs Monaten nach Erwerbung des Eigentumsrechtes geschieht, so ist dieses Land von den Registriergebühren frei. Die Grundsteuer beträgt 1 % des Katasterwertes, während sie in anderen Teilen Japans 2½ % ist.

Was wir soeben geschildert haben, sind die allgemeinen Bestimmungen über die Verfügung des Staatslandes. Wir bemerken in diesem Gesetz zwei bedeutende Änderungen gegenüber der früheren Landesgesetzgebung. Die eine ist die Aufhebung des Verkaufsystems des Landes, an dessen Stelle die Einführung der unentgeltlichen Übergabe des Landes getreten ist. Den Grund für diese Änderung haben wir schon betont. Die zweite ist die Bestimmung des Maximalareals des zu leihenden Landes, welches eine natürliche oder juristische Person erhalten kann. Die Landesgesetzgebung von 1886 bestimmte das Areal des zu leihenden Landes auf 100 000 Tsubo, aber der Staat konnte denjenigen, welche in gröfserem Umfange Ackerbau, Viehzucht oder Waldbau treiben wollten, ausnahmsweise auch mehr als das obengenannte Areal leihen. In dieser Hinsicht gab es keine Beschränkung. Die Ausnahmefälle traten verhältnismäfsig selten ein, aber wenn man sieht, was dann in diesen Fällen verfügt wurde, wird man erschrecken. Die Anzahl der geliehenen Grundstücke vom Jahre 1886 bis zum Jahre 1895 betrug 99 900, deren Areal 1 047 464 307 Tsubo, während sich die Anzahl der geliehenen Landesflächen über 100 000 Tsubo auf 322 und das Areal auf 250 293 608 Tsubo belief; also jene beträgt 32 % und diese 24 % der Zahl resp. des Areals des verfügten Landes, Wenn man die Statistik noch genauer betrachtet, wundert man sich, wie man so grofse Ländereien dem einzelnen zur Verfügung stellen konnte.

		Zahl:	Areal:	
100 000— 300 000	Tsubo	143	25 771 275	Tsubo
300 000— 500 000	„	70	27 611 290	„
500 000— 1 000 000	„	55	37 427 257	„
1 000 000— 5 000 000	„	47	89 849 584	„
5 000 000—10 000 000	„	5	35 424 384	„
mehr als 10 000 000	„	2	34 209 818	„
	Summa	322	250 293 608	Tsubo

Um solchen Mifsbrauch des Gesetzes zu vermeiden, bestimmte das neue Gesetz das Maximalareal des zu leihenden Landes. Das war das einzig Richtige. Aber es ist fraglich, ob die nun festgesetzte Maximalgrenze für unsere volkswirtschaftlichen und landwirtschaftlichen Zustände die geeignete ist und ob ein Gut von 1 500 000 Tsubo Ackerland (500 ha) nicht ein Latifundium in Japan ist, wo nur kleine bäuerliche oder Parzellenbetriebe üblich sind. Selbst in Deutschland, wo der Ackerbau in viel gröfserem Umfange als bei uns betrieben wird, ist ein derartiges Gut schon ein Latifundium. Ist es überhaupt möglich, in Japan ein so grofses Gut eigen zu bewirtschaften? Nach meinem Studium kann man ein Gut von 50 ha schon in Hokkaido einen Grofsbetrieb nennen[1]. Nach den Erfahrungen treiben solche Grofsgrundbesitzer meistens Pacht-

[1] Meine Broschüre über die grofsen, mittleren und kleinen Betriebe der Landwirtschaft in Hokkaido (japanisch), S. 52.

wirtschaft. Ich für meinen Teil bin durchaus kein absoluter Gegner der Pachtwirtschaft. Ohne Zweifel ist sie ein Mittel, die innere Kolonisation in Hokkaido zu fördern. Was der Staat in der früheren Zeit unternahm, um dem Ansiedler materiell zu helfen, das tun jetzt die Grofsgrundbesitzer. Aber die Pachtwirtschaft ist doch nur ein notwendiges Übel. Es mag eine Richtschnur sein für die Staatsmänner, die Zahl der Pächter möglichst zu beschränken und die Eigenwirtschafter zu vermehren. Wenn man mit einem Gut von 500 ha Ackerland Pachtwirtschaft treibt, so wird man mindestens 100 Pächter unter sich haben. Diese Pächter bilden $1/3$—$1/5$ der gesamten Einwohner in einer Gemeinde. Kann solche Gemeinde als ein Selbstverwaltungsorgan gut funktionieren und gedeihen? In den Vereinigten Staaten von Nordamerika konnte man früher ein grofses Stück Land gegen eine kleine Entschädigung vom Staat erhalten. Aber heute verkauft der Staat nur bis 160 acres Ackerland als Heimstätte einem einzelnen Käufer. Wenn man in einem so grofsen Staat wie die Vereinigten Staaten von Nordamerika das Maximalareal auf 160 acres Ackerland beschränkt, wie kann man da ein so grofses Land von 500 ha auf einer kleinen Insel dem einzelnen zur Verfügung stellen? Dafs der Staat die Maximalgrenze des zu leihenden Landes beschränkt hat, ist ohne Zweifel eine richtige Politik, aber die Grenze ist leider zu hoch bestimmt; sie mufs unbedingt bedeutend herabgesetzt werden. Auf die Folgen dieser hohen Maximalgrenze werden wir später noch einmal zurückkommen.

4. Der Schutz der Ansiedler.

Die unmittelbare Unterstützung der Ansiedler mit staatlichen Kosten brachte die Gefahr mit sich, dafs die Ansiedler ihr Unabhängigkeitsgefühl verlieren werden; die Folge dieser Politik war nicht so erfreulich, wie man erwünschte. Deshalb gab das Hokkaido-Chō die bisher geübte Politik der unmittelbaren Unterstützung auf und wendete sich der mittelbaren zu.

Aufser der schon teilweise geschilderten Hilfspolitik bemühte sich das Hokkaido-Chō auch sonst noch, in verschiedener Weise die Bequemlichkeit der Ansiedler zu fördern, damit möglichst viele ihre Heimat auf dieser Insel finden können. Früher gab der Staat den Ansiedlungslustigen die Reisekosten, jetzt aber verhandelt das Hokkaido-Chō mit den Dampfschiffs- und Eisenbahngesellschaften wegen Ermäfsigung des Fahrgeldes für die Ansiedler. Diejenigen, welche die Bescheinigung des Gouverneurs des Regierungsbezirkes, in welchem sie wohnen, haben, geniefsen 20—50 % Ermäfsigung auf Dampfschiffen und Eisenbahnen.

In den Regierungsbezirken, aus denen viele Ansiedler hervorgehen, ernennt das Hokkaido-Chō Kommissare, welche die Ansiedlungsangelegenheiten verwalten und auch dafür sorgen, dafs die Abfahrt glatt von statten geht.

Als die Zahl der Ansiedler sich in der neueren Zeit vermehrte, erliefs die Regierung im Jahre 1898 eine Verordnung betreffs der Beförderung der Ansiedler zu Schiff nach Hokkaido. Danach müssen die Besitzer oder Kapitäne der Schiffe, welche mehr als 100 Ansiedler nach Hokkaido befördern, dem Polizeiamt die folgenden Punkte mitteilen, und zwar: 1. den Namen des Schiffes, den Ort, wo das Schiff registriert ist, den registrierten Tonnengehalt, die bestimmte Anzahl der Passagiere, den Namen der Schiffsbesitzer und der Kapitäne; 2. die Zeit der Abfahrt, den Namen der Zwischenhäfen und die Zeit, während welcher die Schiffe dort vor Anker liegen; 3. die Zahl der Ansiedler auf den Schiffen, die Fahr- und Frachtpreise; 4. Ausrüstung und Proviant; 5. die Verträge zwischen Ansiedlern bezw. Reedern, Gastwirten und Expedienten. Wenn das Polizeiamt die obengenannten Mitteilungen entgegennimmt, müssen die Schutzleute persönlich die Schiffe besichtigen. Bevor diese Besichtigung nicht beendet ist, dürfen die Schiffe nicht in See gehen. Nachdem die Polizeiämter ihre Untersuchungen abgeschlossen haben, melden sie sofort den Zwischenhäfen, wo die Schiffe vor Anker liegen sollen, und auch dem Ankunftshafen die obengenannten fünf Punkte und die Abfahrtszeit.

Die Expedienten, Reeder und Gastwirte, welche die Angelegenheiten von mehr als zehn Ansiedlern behandeln, müssen dem Polizeiamt die folgenden Punkte melden, nämlich: 1. Namen der Schiffe und Abfahrtszeit; 2. Zahl der Ansiedler, ihre Passagier- und Kommissionsgebühren; 3. Verträge zwichen den Ansiedlern bezw. den Schiffsbesitzern und Kapitänen; 4. Zeit des Aufenthalts der Ansiedler in Gasthäusern. Findet das Polizeiamt die Kommissionsgebühren zu hoch, so kann es dieselben herabsetzen lassen. Verzögert das Schiff ohne irgendwelche Gründe seine Abfahrt, so müssen die Expedienten, Gastwirte oder Reeder die Ausgaben für die Ansiedler zahlen. Zuwiderhandlungen dieser Verordnung werden mit Geldstrafe bis zu 25 Yen oder mit Gefängnis bis zu 25 Tagen bestraft.

Nach der späteren Verordnung reist ein Schutzmann im Schiff mit, wenn mehr als 300 Ansiedler befördert werden. Es ist klar, dafs durch diese Verordnungen die Beförderung der Ansiedler zu Schiff sehr verbessert wurde.

Die Ansiedler kommen jedes Jahr meistens zwischen März und Juni nach Hokkaido. In dieser Zeit helfen die Beamten des Hokkaidogouvernements und auch des Hokkaidovereins, einem Privatverein, dessen Zweck die Förderung der Kolonisation in Hokkaido ist, und unterstützen die Landung und die weitere Beförderung der Ansiedler in den wichtigsten Häfen. Dort sind besondere Gebäude als Wartesäle für die Ansiedler errichtet. Zwischen den wichtigsten Häfen in Hokkaido meldet man mittels Telegraph die Abfahrt und Ankunft der Dampfschiffe, auf welchen sich Ansiedler befinden, so dafs man sich für deren Empfang vorbereiten kann. Wenn die Ansiedler in einem Hafen landen, lassen sich die Beamten Angaben machen über ihre Heimatbezirke, Zweck der Ansiedlung sowie über die bestimmten Ansiedlungsorte usw. und sorgen für die Unterkunft in Gasthäusern und für die Gepäckbeförderung.

In Fällen, in denen die Ansiedler truppweise bis zu einem bestimmten Ort eine gemeinsame Fahrt haben, reisen ein oder mehrere Beamte mit ihnen bis zum Bestimmungsort, wo die Provinzialbeamten und Schutzleute bereit sind, alle Angelegenheiten für sie zu ordnen. Die Gasthäuser ermäfsigen den Logispreis um 20—30 % für die Ansiedler. Auf diese Weise können die Kolonisten ohne besondere Unbequemlichkeit ihren Bestimmungsort erreichen.

Das Sprichwort: „Aller Anfang ist schwer" bezieht sich auch auf die bisher nicht gewöhnte Arbeit der Urbarmachung. Um ihnen diese Arbeit zu erleichtern, schickt das Hokkaidogouvernement Sachverständige zu den Gruppenansiedlern und lehrt sie die Urbarmachungsmethode, Bauwesen, Wahl der Sämereien, den Gebrauch der landwirtschdftlichen Maschinen und Geräte, Kauf und Verkauf der Haushaltungs- und Wirtschaftsbedarfsartikel, der landwirtschaftlichen Produkte usw. Für die einzelnen Ansiedler, bei denen eine vorherige Bestimmung über ihren zukünftigen Ansiedlungsort nicht getroffen ist, reserviert das Gouvernement in der Nähe der Landungsplätze die geteilten Ländereien, um sie ihnen leihweise zur Verfügung zu stellen.

Aufser solchen Vergünstigungen geniefsen die Ansiedler den Vorzug, ihre landwirtschaftlichen Rohprodukte auf den Staatseisenbahnen um 50 %, bei einer Privateisenbahn in Hokkaido um 40 % billiger befördern zu können. Bezüglich ihrer Militärdienstzeit haben sie das Recht, dieselbe erst fünf Jahre nach ihrer Ansiedlung absolvieren zu müssen, mit Ausnahme der drei grofsen Städte Sapporo, Otaru und Hokodate.

Wie ich die Kolonisationspolitik des Kaitakushi nicht schildern konnte, ohne an die preufsische innere Kolonisation im 17.—18. Jahrhundert zu erinnern, so erkenne ich auch hier wieder die grofse Ähnlichkeit zwischen der Kolonisationspolitik des Hokkaido-Chō und der modernen preufsischen inneren Kolonisation in Westpreufsen und Posen. Zweifellos gibt es mehrere Unterschiede zwischen dieser und jener staatlichen Tätigkeit, z. B. ist das Hauptziel bei dieser ein nationales, während es bei jener nur ein wirtschaftliches Ziel ist; bei dieser kauft der Staat das Land, teilt es in verschiedene Gröfsen und verkauft es wieder den Ansiedlungslustigen, während bei jener der Staat sein eigenes Land regelmäfsig teilt und es unentgeltlich den Ansiedlern übergibt; bei dieser ist das verfügbare Land Kulturland, während es bei jener urbar zu machendes Land ist; bei dieser ist die Einheit der Güter im allgemeinen 10—15 ha, während sie bei jener 5 ha ist; bei dieser geniefsen die Ansiedler keine Steuerfreiheit, während sie bei jener auf 20 Jahre von den Steuern befreit sind usw. usw.

Doch bemerken wir anderseits symmetrische Erscheinungen in beiden Kolonisationen im Osten und Westen. Wie die Ansiedler bei der modernen preufsischen inneren Kolonisation nur Deutsche sind, so sind sie bei unserer inneren Kolonisation auch nur Japaner. Wie bei jener die innere Kolonisationspolitik in gewissem Sinne eine Bevölkerungspolitik[1] ist, so ist es mit unserer Kolonisation auch der Fall; wie bei jener das Land vor der Ansiedlungstätigkeit schon geteilt ist, so teilt man auch bei uns das Land vorher nach dem Quadratsystem; wie bei jener die Ansiedler bei gewissen Entfernungen freie Fahrt geniefsen, so wird bei uns der Fahrpreis ermäfsigt; wie die Verwalter der Ansiedlungsgüter nach Ankunft der Ansiedler für Hausbau, Pflanzenkultur usw. Sorge tragen, so bemühen sich die Sachverständigen des Hokkaido-Chō alles für die Ansiedler zu tun; wie der Staat in der preufsischen Kolonisation für Schulen, Kirchen, Gemeindeland usw. sorgt, so bestimmt der Staat bei uns in der Teilungsangelegenheit schon vorher ein zweckmäfsiges Land dafür; wie jene mittels Vertreter, Agenten und durch Veröffentlichung von Drucksachen die Ansiedlungslustigen auffordert, so laden wir auch durch Vertreter in anderen Regierungsbezirken, durch Wandervorträge, Zeitungen und andere ähnliche Sachen die Ansiedler ein usw.

Wenn man sich auf diese Weise über die einzelnen Punkte der Kolonisationspolitik der beiden Länder noch weiter orientiert, so findet man auch noch andere Vergleichspunkte. Die preufsische innere Kolonisation begann ihre Tätigkeit im Jahre 1886, die unserige in demselben Jahre. Beide Kolonisationen entwickelten sich ohne gegenseitige Kenntnis voneinander. Es ist ein Zufall, dafs beide Länder im Osten und Westen zu derselben Zeit fast dieselbe staatliche Tätigkeit begannen und durchführten.

[1] Sering, Innere Kolonisation im östlichen Deutschland, S. 1.

Dritter Abschnitt.

Die Ergebnisse der inneren Kolonisation.

Was unsere innere Kolonisation geleistet hat, haben wir in den vorhergehenden Paragraphen teilweise geschildert. Wir werden hier als die Ergebnisse dieser Politik die folgenden vier Punkte in Betracht ziehen. Da wir aber keine authentischen Berichte über die Ergebnisse der früheren Politik haben, so müssen wir uns darauf beschränken, unsere Darstellung von der Zeit des Kaitakushi an zu beginnen, und zwar:

1. die Ansiedler und Rückwanderer;
2. die Verteilung des Grundeigentums;
3. die wirtschaftliche Entwicklung in Hokkaido im allgemeinen;
4. die finanziellen Ergebnisse.

Erstes Kapitel.

Die Ansiedler und Rückwanderer.

§ 1. Die Zahl der Ansiedler und der Rückwanderer.

Die innere Kolonisation ist eine Bevölkerungsfrage, wie Sering betont. Ohne Zweifel ist die Grundlage dieser Tätigkeit die Vermehrung der Menschen. Die Zahl der Ansiedler in Hokkaido zeigt die nebenstehende Tabelle XII.

Obwohl diese Tabelle nicht vollständig glaubwürdig ist, so kann man doch wohl aus ihr einen genügenden Begriff über die Ergebnisse in bezug auf die Zahl der Ansiedler erhalten. Nach dieser Tabelle betrug die Zahl der Ansiedler in der Periode des Kaitakushi 73231, das sind 5230,8 pro Jahr, in der Periode der Verwaltung durch drei Regierungsbezirke 22814, das sind 5703,5 pro Jahr, und in der Periode des gegenwärtigen Gouvernements 600159 das sind 37509,9 pro Jahr. Die gesamte Zahl vom Jahre 1869 bis 1901 betrug 696204, das macht jährlich 21097,1 Köpfe.

Tabelle XII.

Zahl der Ansiedler und Rückwanderer.

Jahre	Ansiedler	Rück-wanderer
1869	1 972	?
1870	3 685	?
1871	8 598	?
1872	13 784	?
1873	11 353	?
1874	1 955	?
1875	4 656	?
1876	3 833	?
1877	2 577	?
1878	4 480	?
1879	4 034	?
1880	3 604	?
1881	8 700	?
1882	5 539	?
1883	2 260	?
1884	4 656	444
1885	10 359	826
Übertrag	96 045	1270
Übertrag	96 045	1 270
1886	9 609	747
1887	9 038	877
1888	8 586	822
1889	13 118	775
1890	15 393	881
1891	15 738	782
1892	42 708	5 547
1893	49 047	7 772
1894	55 259	7 591
1895	59 671	8 630
1896	50 396	9 588
1897	64 350	11 619
1898	63 629	11 381
1899	45 394	8 370
1900	48 118	7 847
1901	50 105	9 768
Summe	696 204	94 267

Wenn wir weiter die Zahl der Ansiedler im einzelnen in Betracht ziehen, so finden wir, dafs sie je nach den Zuständen in- und aufserhalb Hokkaidos immer zu- und abnahm. In drei Jahren, von 1871—1873, in welchen das Kaitakushi mit Staatsgeldern die Ansiedler sehr grofsmütig unterstützte, finden wir einen bedeutenden Aufschwung in der Einwanderung. Die Zahl der Ansiedler stieg im Jahre 1870 auf 3685, in den folgenden drei Jahren auf 8598, 13784 resp. 11353. Aber als diese Unterstützung in den späteren Jahren etwas verringert wurde, und als bekannt wurde, dafs die bisherigen Ansiedler nicht erfreuliche Erfolge zu verzeichnen hatten, nahm die Zahl der Ansiedler in bemerkenswerter Weise ab. Später, zu Ende der Verwaltung des Kaitakushi, kamen einige Ansiedler infolge ihrer Bestrebungen empor und erwarben Reichtümer in dem bisher wenig bekannten Lande. Diese erfreuliche Tatsache lenkte nun wieder das Augenmerk der Ansiedlungslustigen auf Hokkaido, und die Zahl der Ansiedler hob sich etwas, obwohl nicht in dem früheren Mafse. Wenn das Kaitakushi seine Verwaltung noch weiter fortgesetzt hätte, so würde sich die Zahl der Ansiedler noch bedeutend vergröfsert haben. Aber infolge der Veränderung der Verwaltungsorgane hatte die Ansiedlung nicht die erhofften Ergebnisse. „Die Raupen des Forstspanners ziehen sich zunächst zusammen, wenn sie weit laufen wollen," sagt das japanische Sprichwort. Die Vernachläſsigung der Ansiedlungstätigkeit in der Verwaltungsperiode durch drei Regierungsbezirke wurde durch die lebhaften Bestrebungen des neuen Gouvernements ersetzt.

Die neue Kolonisationspolitik, die sozialen und wirtschaftlichen Zustände in Japan veranlaſsten wieder eine steigende Ansiedlung, und wir sehen jetzt eine erfreuliche Erscheinung. Die Zahl der Ansiedler, welche von Anfang der Verwaltung der gegenwärtigen Behörde an stets stieg, erreichte ihren Höhepunkt in den Jahren von 1897—98, in denen man über 60000 Seelen in einem Jahre zählte. Nur infolge der groſsen Überschwemmung im Jahre 1896 in Hokkaido und der guten Reisernte in dem gleichen Jahre auf anderen Inseln verminderte sich die Zahl der Ansiedler im folgenden Jahre auf 50 396, aber diese anormalen, elementaren Ereignisse in Hokkaido hinterlieſsen glücklicherweise keine nachdrücklichen Spuren, und die Zahl der Ansiedler schwankt jezt zwischen 45—50000 Seelen.

Wenn die Schwalben vom Süden nach dem Norden ziehen, nehmen die Wildgänse umgekehrt ihren Flug vom Norden nach dem Süden. Dieselbe Erscheinung zeigt sich auch bei der Ansiedlung. Während 45—50000 Menschen, vom Süden kommend, in Hokkaido sich ansiedeln, kehren einige Einwohner von hier wieder nach ihrer früheren Heimat im Süden zurück. Die Gründe dieser Rückwanderung sind verschieden; sie sind physischer, wirtschaftlicher oder psychischer Natur.

Die Zahl der Rückwanderer betrug in den Jahren 1884 bis 1901 94267. Sie beträgt 15,3 % der gesamten Ansiedler in derselben Periode.

§ 2. Geschlechtsverhältnisse der Ansiedler und der Rückwanderer.

Hierher nebenstehende Tabelle XIII.

Die Tabelle zeigt die Geschlechtsverhältnisse der Ansiedler und auch der Rückwanderer. Aber man muſs sich zuerst ganz klar darüber sein, daſs die Zahl vor dem Jahre 1891 sich nur auf die Ansiedler bezieht, deren Wohnsitz im Hausstandsregister in Hokkaido eingetragen war; während die Zahl nach diesem Jahre alle Ansiedler, auſser den Reisenden, umfaſst.

Eine bemerkenswerte Erscheinung in bezug auf die Geschlechtsverhältnisse der Ansiedler ist die, daſs die Zahl der weiblichen Ansiedler in der Periode des Kaitakushi verhältnismäſsig hoch war. Solange die staatliche Unterstützung bestand, war der Zuzug der weiblichen Ansiedler viel bedeutender als in späterer Zeit. Das ersieht man sofort, wenn man die Zahlen vor und nach dem Jahre 1886 vergleicht. Diese Erscheinung beruht hauptsächlich darauf, daſs viele Ansiedler

Tabelle XIII.

Geschlecht der Ansiedler und Rückwanderer.

Jahre	Ansiedler			Rückwanderer		
	Männer	Frauen	auf 100 Männer kommen Frauen	Männer	Frauen	auf 100 Männer kommen Frauen
1869	1 006	966	96,1	?	?	?
1870	1 932	1 753	90,8	?	?	?
1871	4 564	4 052	88,8	?	?	?
1872	6 872	6 912	100,5	?	?	?
1873	5 803	5 550	95,6	?	?	?
1874	978	977	100,0	?	?	?
1875	2 317	2 339	100,9	?	?	?
1876	1 830	2 003	109,3	?	?	?
1877	1 274	1 283	100,7	?	?	?
1878	2 134	2 346	109,9	?	?	?
1879	2 129	1 905	89,4	?	?	?
1880	1 880	1 724	91,7	?	?	?
1881	4 225	4 475	105,9	?	?	?
1882	?	?	?	?	?	?
1883	?	?	?	?	?	?
1884	2 624	2 032	77,4	220	224	101,8
1885	5 440	4 919	90,3	380	446	117,4
1886	5 211	4 398	84,4	390	357	91,6
1887	4 979	4 059	81,4	459	418	91,1
1888	4 676	3 910	83,6	405	417	102,9
1889	7 242	5 876	81,1	385	390	101,3
1890	8 495	6 898	81,2	446	435	97,5
1891	8 887	6 851	77,1	399	383	95,9
1892	24 289	18 419	75,9	3285	2262	68,8
1893	28 037	21 010	74,9	5055	2717	53,7
1894	32 089	23 170	72,2	4998	2593	51,9
1895	34 270	25 401	74,1	5489	3141	57,2
1896	29 154	21 251	72,9	5834	3755	64,4
1897	36 457	27 893	77,2	7017	4602	65,6
1898	37 271	26 358	76,5	7185	4196	58,4
1899	25 182	20 212	80,3	4972	3398	68,3
1900	26 475	21 643	81,7	4533	3314	73,1
1901	28 932	21 173	73,1	5860	3908	66,5

in der früheren Periode mit ihrer ganzen Familie sich ansiedelten, weil sie nicht für Reisegeld, Unterhaltungskosten usw. zu sorgen hatten, während in späterer Zeit nur eine vermehrte Einwanderung kräftiger Männer stattfand.

Dafs die Zahl der weiblichen Ansiedler seit dem Jahre 1892 abnahm, erklärt sich aus einer Abänderung der Erhebungstechnik. Die neue Statistik umfafst nicht nur diejenigen, deren Wohnsitz im Hausstandsregister in Hokkaido eingetragen war, sondern auch die sich zeitweise dort aufhaltenden Männer, die zum gröfsten Teil unverheiratet sind.

Die Kolonisationsgeschichte aller Länder zeigt, dafs im Anfang der Kolonisation viel mehr Männer — meistens junge und kräftige — als Frauen sich ansiedeln, dafs aber die Zahl der weiblichen Ansiedler selbstverständlich nach und nach zunimmt, sobald die erfolgreiche Kolonisationstätigkeit bekannt wird. Unsere Statistik ergibt auch dieselbe Tatsache, und das ist eine erfreuliche Erscheinung in unserer inneren Kolonisation.

§ 3. Die Klasse der Ansiedler und der Rückwanderer.

Es ist eine interessante Frage in der Kolonisationspolitik, welchen Klassen die Ansiedler angehören. Je nachdem kann man die Eigenschaft der Ansiedler, die Art der Kolonie und auch die Entwicklungstendenz der letzteren genau erkennen. Aber leider geht unsere Statistik nicht so weit zurück, sondern nur bis zum Jahre 1887.

Hierher nebenstehende Tabellen XIV u. XV.

Aus der Tabelle XIV geht hervor, dafs die Landwirte unter den Ansiedlern am meisten vertreten sind. Ihre Zahl nahm fast von Jahr zu Jahr zu, mit kleinen Schwankungen in der Zwischenzeit. In der neueren Zeit umfafste diese Klasse ungefähr die Hälfte der Ansiedler, wie z. B. von 1897—1900. Nach den Landwirten folgte eine Bevölkerung, deren Klassifizierung nicht klar ist. Die Fischer stehen an dritter Stelle, deren Zahl bedeutend hinter derjenigen der Landwirte zurückgeblieben ist; es folgen dann die Kaufleute und die Techniker.

Diese Klassenverhältnisse der Ansiedler zeigen deutlich die wirtschaftlichen Zustände Hokkaidos. Die dringendsten Bestrebungen des Staates auf diesen Inseln waren und sind heute noch, das jungfräuliche Land auszuroden und die von der Natur gegebenen Schätze zur Befriedigung der menschlichen Bedürfnisse zu heben.

Entsprechend diesen Bemühungen nahm die Zahl der Landwirte nicht nur relativ, sondern auch absolut zu, und wie wir später sehen werden, übersteigen die landwirtschaftlichen Produkte in der neueren Zeit schon diejenigen der Fischerei in Hokkaido, welche als eine der drei gröfsten Fischereien in der Welt berühmt ist.

Was die Klasse der Rückwanderer anbetrifft, so findet man auch die Landwirte, sowohl nach der absoluten Ziffer wie auch nach dem Prozentsatz, an der ersten Stelle. Aber wenn man die absolute Zahl der Rückwanderer mit derjenigen der Ansiedler vergleicht, sieht man, dafs die Fischer, Kaufleute und Techniker in bedeutendem Mafse vorherrschend sind. Die Erscheinung erklärt sich aus der Eigenschaft der Erwerbszweige. Der konservative Charakter der Landwirte erschwert es ihnen, sich von dem von Generation zu Generation ver-

Tabelle XIV. **Klasse der Ansiedler.**

Jahre	Landwirte	Fischer	Techniker	Kaufleute	Verschiedene	Unbekannt	Zusammen
1887	3 250	1 142	360	1469	2 817	—	9 038
1888	?	?	?	?	?	?	8 586
1889	7 069	1 123	504	1337	3 085	—	13 118
1890	7 487	1 941	480	1729	3 786	—	15 393
1891	6 764	2 203	472	2431	3 868	—	15 738
1892	11 605	7 640	2247	6095	13 282	1842	42 708
1893	19 381	8 639	2349	4775	13 023	880	49 047
1894	23 463	10 415	1848	4657	13 205	1671	55 259
1895	27 606	9 204	1344	4274	14 198	3045	59 671
1896	22 222	8 842	1643	3649	12 034	2006	50 396
1897	34 779	9 773	1852	4601	11 936	1409	64 350
1898	34 706	11 524	1966	3999	10 650	774	63 629
1899	25 922	5 249	1646	3367	6 905	2305	45 394
1900	25 927	4 620	1743	3385	7 447	4996	48 118
1901	23 570	4 804	2705	3364	8 063	7599	50 105

Klasse der Ansiedler. (%).

Jahre	Landwirte	Fischer	Techniker	Kaufleute	Verschiedene	Unbekannt	Zusammen
1887	36,0	12,5	4,0	16,2	31,3	—	100
1888	?	?	?	?	?	?	"
1889	53,9	8,6	3,8	10,2	23,5	—	"
1890	48,6	12,6	3,1	11,2	24,4	—	"
1891	42,9	13,2	2,9	15,4	24,6	—	"
1892	27,3	17,9	5,1	14,3	31,1	4,3	"
1893	39,5	17,6	4,8	9,7	26,7	1,8	"
1894	42,5	18,8	3,3	8,4	23,9	3,0	"
1895	46,3	15,4	2,2	7,2	23,8	5,1	"
1896	44,1	17,5	3,3	7,2	23,9	4,0	"
1897	54,0	15,2	2,8	7,2	18,6	2,2	"
1898	54,5	18,1	3,1	6,3	16,7	1,2	"
1899	57,1	11,6	3,6	7,4	15,2	5,1	"
1900	53,9	9,6	3,6	7,0	15,4	10,4	"
1901	47,0	9,0	5,4	6,6	16,1	15,1	"

Tabelle XV. **Klasse der Rückwanderer.**

Jahre	Landwirte	Fischer	Techniker	Kaufleute	Verschiedene	Unbekannte	Zusammen
			A. Zahl.				
1892	430	856	299	729	3018	215	5 547
1893	893	2285	328	826	3234	206	7 772
1894	912	2611	225	605	2834	404	7 591
1895	1377	2533	231	747	3048	694	8 630
1896	1851	2669	185	1022	3334	527	9 589
1897	2372	3218	423	1548	3763	295	11 619
1898	2482	3581	348	1116	3333	521	11 381
1899	1980	1912	213	722	2665	878	8 370
1900	2516	803	243	686	2487	1112	7 847
1901	2717	1144	215	736	3355	1601	9 768
			B. Prozentsatz.				
1892	7,8	15,4	5,4	13,1	54,4	3,9	100,0
1893	11,5	29,4	4,2	10,6	41,6	2,7	"
1894	12,0	34,4	3,0	8,0	37,3	5,3	"
1895	16,0	29,4	2,6	8,7	35,3	8,0	"
1896	19,2	27,9	2,0	10,6	34,8	5,5	"
1897	20,4	27,7	3,6	13,3	32,4	2,6	"
1898	21,8	31,7	3,1	9,8	29,3	4,6	"
1899	23,7	22,8	2,6	8,6	31,8	14,9	"
1900	32,6	10,2	3,1	8,7	31,7	14,1	"
1901	27,8	11,7	2,2	7,5	34,3	16,4	"

erbten Heimatsort zu trennen, aber gerade dieser Charakter ist dann auch wieder ein starkes Bindemittel in der neuen Welt.

Zweites Kapitel.

Die Verteilung des Grundbesitzes.

Die innere Kolonisation bedeutet in gewissem Sinne Verteilung des Grundbesitzes. Die Bestrebungen des Staates, die Leute in einer neuen oder in einer dünn bevölkerten Gegend sich ansiedeln zu lassen, haben ihren Grund darin, ein Mittel zu beschaffen, um die natürlichen Schätze zu heben und dadurch den nationalen Reichtum wie auch den Wohlstand des Volkes zu vermehren. Dieser Zweck steht in engster Beziehung zu der Frage der Verteilung des Grundbesitzes, welche der Staat in der inneren Kolonisation durch die Landesgesetzgebung beliebig lösen kann. Wir haben schon gesehen, wie unsere Landgesetzgebung sich mit der Zeit veränderte, und welche Eigenschaft die gegenwärtig in Kraft getretene Gesetzgebung hat. Aber das Gesetz ist nur ein toter Buchstabe, seine Wirksamkeit liegt in der richtigen oder falschen Behandlung von seiten der betreffenden Beamten. Wir werden jetzt untersuchen, welche Erfolge unsere innere Kolonisation in bezug auf die Verteilung des Grundbesitzes erzielt hat. Das statistische Material, welches ich in meinen Händen habe, ist nicht ganz genügend, um sich in diese Frage zu vertiefen. Es geht bis zum Jahre 1886 zurück, wo die Kolonisation der gegenwärtigen Behörde begann; es fehlen uns die Ergebnisse der Landbaupolitik in der Zeit des Kaitakushi und der Verwaltungsperiode durch drei Regierungsbezirke. Die Kolonisationstätigkeit in den früheren Perioden bestand hauptsächlich darin, für das kolossale Gebäude der inneren Kolonisation den Grund und Boden zu ebnen, und da der wirkliche Bau unter dem jetzigen Verwaltungsorgan begann und sich entwickelte, so können wir mit dem Material, welches ich habe, ziemlich genau und richtig die Frage lösen. Wir werden diese Frage unter folgenden vier Gesichtspunkten betrachten:

1. Wieviel Hektar Land hat der Staat abgegeben?
2. Wieviel Jahre gebraucht der Staat noch, um alles Land abgeben zu können?
3. In welchem Verhältnis steht die Teilung des Landes zu seiner Grösse?
4. Wie ist die Betriebsweise der Landwirtschaft?

§ 1. Wie viel Hektar Land hat der Staat abgegeben?

Tabelle XVI.

Zahl und Areal des verfügten Landes.

Jahre	Zahl	Areal (Tsubo)
1886	685	3 531 403
1887	10 347	59 717 954
1888	7 141	60 120 819
1889	6 985	178 962 375
1890	7 727	68 986 265
1891	10 066	102 169 658
1892	10 652	90 314 107
1893	6 898	112 315 428
1894	16 417	173 556 067
1895	22 983	197 790 232
1896	17 177	168 473 345
1897	14 569	262 745 240
1898	14 497	442 130 747
1899	16 044	181 872 910
1900	19 722	393 540 379
1901	19 163	563 537 387
zusammen	201 073	3 059 764 320

Die Tabelle ergibt, wieviel Hektar Land der Staat in 16 Jahren, vom Jahre 1886—1901, den Ansiedlern verlieh. Nach dieser Statistik waren 3 059 764 320 Tsubo (rund 1 Million Hektar) an 201 073 Personen vergeben. Das ergibt pro Jahr durchschnittlich 12 567 Personen und eine Fläche von 191 235 270 Tsubo (rund 64 000 ha). Die Tätigkeit des Staates in dieser Beziehung zeigt günstige Resultate. Die Zahl und das Areal des verfügten Landes nahmen von Jahr zu Jahr zu, mit wenigen Schwankungen in der Zwischenzeit, und erreichte ihren Höhepunkt im Jahre 1901, in welchem der Staat ein Areal von 563 537 387 Tsubo, (ungefähr 190 000 ha) abgab. Etwas Ähnliches haben wir in der Geschichte unserer inneren Kolonisation nie gesehen. Wenn wir diese Resultate im Jahre 1901 mit denjenigen im Jahre 1886 vergleichen, so bemerken wir sofort, wie bedeutend der Fortschritt ist; das Areal stieg um das 154 fache und die Zahl um das 286 fache.

Dieses Land wurde nicht nur für Ackerbau, Viehzucht und Waldbau, sondern auch für Wohnungen, Kirchhöfe usw. verliehen.

Hierher nebenstehende Tabelle XVII.

Die Tabelle zeigt, dafs das für den Ackerbau vergebene Land naturgemäfs die erste Stelle einnimmt, sowohl nach dem Areal wie auch nach der Zahl; es umfafst mehr als die Hälfte des gesamten Landes. Es folgt das Land für Viehzucht, Waldbau, Wohnsitz, Fischerei und Kirchhöfe in gleicher Reihe. In den letzten Jahren wurde in bedeutendem Mafse das für Viehzucht geeignete Land begehrt. In den zehn Jahren von 1892 bis 1901 nahm die Zahl der Betriebe um das 10 fache zu, und das Areal sogar um das 100 fache. Obgleich das Land für die Viehzucht, der Zahl nach, weit hinter dem Lande für den Ackerbau zurückbleibt, so überschritt es doch schon dieses dem Areal nach im Jahre 1901. Die Nahrungsmittel der Japaner bestanden und bestehen heute noch hauptsächlich aus Reis, Gemüse und Fisch. In der neueren Zeit nimmt auch der Fleischkonsum nach und nach zu, so dafs wir heute eine Einfuhr der tierischen Produkte aus dem Ausland, besonders aus Australien, haben. Aufserdem stellte sich zu Militärzwecken ein ziemlich dringender Bedarf an Pferden heraus. Um diesen und jenen Bedarf zu decken und in möglichst geeigneter Weise diese Bedürfnisse zu befriedigen, fördert der Staat nach verschiedenen Richtungen hin die Viehzucht in Japan. Dieser landwirtschaftliche Zweig braucht aber für seinen Betrieb ein verhältnismäfsig grofses Areal des Landes, und der Preis in den alten Teilen Japans ist dafür so hoch, dafs es fast unmöglich, ja unrentabel ist, die Viehzucht in einer grofsen Ausdehnung dort zu betreiben, abgesehen vom nördlichen Teil von Honshiu. Für Viehzucht eignet sich allerdings Hokkaido ganz vorzüglich, da noch viel Land brach liegt und sein Klima so feucht ist, dafs die Futter-

Tabelle XVII. **Benutzungsart des verfügten Landes.**

Jahre	Ackerbau		Viehzucht		Waldbau		Wohnsitz		Fischerei		Beerdigungshof		Zusammen	
	Zahl	Areal (Tsubo)	Zahl	Areal	Zahl	Areal	Zahl	Areal	Zahl	Areal	Zahl	Areal	Zahl	Areal
1892	6 844[1]	86 427 106	30	2 713 500	—	—	3234	803 084	544	370 417	—	—	10 652	90 314 107
1893	5 046[1]	109 596 585	30	1 879 344	—	—	1163	329 618	659	509 881	—	—	6 898	112 315 428
1894	11 244[1]	165 499 037	26	5 865 080	—	—	3516	886 513	1631	1 305 437	—	—	16 417	173 556 067
1895	17 730[1]	189 701 903	24	5 390 929	—	—	2803	940 383	2426	1 757 017	—	—	22 983	197 790 232
1896	12 651	158 983 897	14	2 753 353	659	5 237 105	3022	998 614	831	500 317	—	—	17 177	168 473 345
1897	12 065	250 663 831	32	6 075 729	506	705 715	1335	898 418	628	399 776	3	1 772	14 569	262 745 240
1898	10 875	267 845 233	155	54 758 327	681	118 409 034	1966	539 950	811	562 128	9	16 075	14 497	442 130 747
1899	12 618	144 659 361	59	29 617 988	932	6 732 415	1616	430 422	815	421 636	4	11 088	16 044	181 872 910
1900	14 759	242 924 085	290	137 086 913	865	12 437 913	3010	628 547	796	461 670	2	1 250	19 722	393 540 379
1901	14 689	270 520 128	318	279 745 840	891	12 055 357	3265[2]	1 216 062[2]	—	—	—	—	19 163	563 537 387

[1] Einschliefslich der Zahl und des Areals des verfügten Landes für den Zweck des Waldbaues.

[2] Einschliefslich der Zahl und des Areals des verfügten Landes für die Fischerei.

pflanzen gut gedeihen können. Es ist daher kein Wunder, dafs das Land für diesen Zweck in bedeutender Menge vom Staat abgegeben wurde.

Viel wichtiger ist die zweite Frage für unsere innere Kolonisationspolitik, nämlich:

§ 2. Wenn der Staat in dieser beschleunigten Weise sein Land verteilt, wie viele Jahre wird er noch brauchen, um sein ganzes Land abgeben zu können?

Von der Beantwortung dieser Frage hängt die zukünftige Politik unserer inneren Kolonisation ab. Um sie zu lösen, ist es notwendig, zuerst zu wissen, wieviel Hektar Land der Staat in Hokkaido zur Verfügung hat.

Das gesamte Areal dieser Inseln beträgt 6095,36 Quadratri, wie wir schon in der geographischen Darstellung gesehen haben. Aber selbstverständlich kommt nur ein Teil dieses Areals zur Verfügung. Nach den Untersuchungen der Sachverständigen vom Jahre 1886 bis zum Jahre 1901 beträgt das Areal des Landes, welches für Ackerbau verfügbar ist, 914 023 ha, dasjenige, auf welchem Viehzucht betrieben werden kann, 525 282 ha und dasjenige, welches nach der grofsen Meliorationsarbeit für Ackerbau und Viehzucht brauchbar ist, 148 537 ha, also im ganzen 1587 843 ha.

Diese Untersuchungen umfassen aber noch nicht das ganze Land, sondern nur seine gröfseren Ebenen. Nach Ansicht der Sachverständigen kann man im ganzen ungefähr 2 1/2—3 Millionen Hektar für Ackerbau und Viehzucht mit oder ohne grofse Meliorationsarbeit verfügen.

Angenommen, diese Zahl sei richtig, so müssen wir daraus das Areal des Landes berechnen, über welches der Staat bis heute schon verfügt hat, um das Areal zu kennen, welches der Staat in Zukunft noch weiter vergeben kann. Wie wir schon gesehen haben, betrug das vom Staat verfügte Land ungefähr 1 Million Hektar. Wenn wir diese 1 Million Hektar von dem obengenannten verfügbaren Areal abrechnen, so bleiben 1 1/2—2 Millionen Hektar Landes noch in der Hand des Staates zur weiteren Verfügung.

Nach den Erfahrungen der letzten 19 Jahre verfügt der Staat durchschnittlich über 64 000 ha pro Jahr. Wenn der Staat in dieser beschleunigten Weise sein übriges Land weiter abgeben wird, so können wir sagen, dafs der Staat in 23—33 Jahren sein Land überall verfügt haben wird.

Aber hierbei mufs man einen Punkt noch in Betracht ziehen. Wenn die Entleiher, welche das Land vom Staat erhalten, ihre Pflicht erfüllen, so ist die obengeschilderte Rechnung vollständig richtig. Aber die tatsächlichen Verhältnisse liegen anders. Wie wir schon betont haben, müssen die Entleiher auf ihrem Lande verschiedene Pflichten erfüllen.

Wenn das nicht geschieht, so verlieren sie ihr Leihrecht und müssen mit oder ohne Entschädigung, je nach den Zuständen, das Land dem Staat wieder zurückgeben. Zu diesem Zweck unterzieht der Staat einerseits ihre Tätigkeit in gewissen Zeitabständen einer Revision, anderseits kommen auch Fälle vor, dafs die Entleiher aus eigenem Antrieb, sei es aus wirtschaftlichem oder psychologischem, ihr Land dem Staat zurückgeben. Dieses dem Staat zurückgegebene Areal des Landes müssen wir in unserer Rechnung mit aufnehmen. Die folgende Tabelle zeigt, wie grofs dieses Areal ist.

Tabelle XVIII.

Das zurückgegebene Land.

Jahre	Zahl	Areal (Tsubo)
1887	23	141 762
1888	232	851 215
1889	735	5 903 557
1890	697	3 979 646
1891	171	977 859
1892	738	4 104 277
1893	1 917	171 480 961
1894	2 991	44 514 518
1895	4 682	69 711 467
1896	5 128	41 000 106
1897	7 765	65 708 623
1898	5 624	49 766 715
1899	4 760	69 073 384
1900	?	77 967 018
1901	5 369	107 639 101
zusammen	45 597 [1]	712 820 209

In 15 Jahren, vom Jahre 1887—1901, wurden dem Areal nach 712 820 209 Tsubo, das sind rund 237 607 ha, und der Zahl nach 45 597 aus verschiedenen Gründen in die Hände des Staates wieder zurückgegeben. Diese 237 607 ha bilden 23,3 % des gesamten verfügten Areals und die Zahl 45 597 22,6 % der gesamten verfügten Zahl. Dies ist keineswegs ein kleiner Prozentsatz. Wenn man dieses Verhältnis mit den Ergebnissen der Ansiedlungskommission in den Provinzen Westpreufsen und Posen vergleicht, so findet man einen grofsen Unterschied[2]. Als unser Staat im Anfang der 90er Jahre das

[1] Angenommen die Zahl im Jahre 1899 auch als die Zahl im Jahre 1900.

[2] Die Gesamtzahl des Besitzwechsels betrug von 1886—1903 insgesamt 683, rund 9 %. Denkschrift über die Ausführung des Gesetzes vom 26. April 1886, betr. die Förderung deutscher Ansiedelungen in den Provinzen Westpreufsen und Posen, 1904, S. 19.

Messungswesen neu einführte, vergab er das geteilte Land den Ansiedlern nach dem Los, da er so möglichst unparteiisch sein konnte. Aber da das Resultat dieser Handlung ungünstig war, so hob das Gouvernement diese Verfügungsart bald auf und prüfte persönlich ganz genau die Ansiedlungslustigen, ob sie tatsächlich als solche in körperlicher und wirtschaftlicher Hinsicht gut geeignet waren. Trotz der grofsen Bemühungen der betreffenden Staatsbeamten sehen wir die eben geschilderte Erscheinung. Wir können in unserem Thema nicht weiter fortfahren, ohne unseren Wunsch auszudrücken, dafs unsere Staatsbeamten in dieser Hinsicht noch vorsichtiger sein möchten.

Nun kommen wir zu unserem früheren Thema zurück. Das schon verfügte Areal betrug 1 Million Hektar und da hiervon 237 607 ha wieder dem Staat zurückgegeben wurden, so sehen wir, dafs 1 000 000—237 607 = 762 393 ha jetzt in den Händen der Ansiedler bleiben. Worüber der Staat in Zukunft verfügen kann, sind deswegen 1 740 000—2 240 000 ha. Wenn wir das verfügte Areal und das zurückgegebene vergleichen, so kommen wir zu dem Resultat, dafs der Staat in sechszehn Jahren, von 1886—1901, durchschnittlich pro Jahr 48 000 ha wirklich verfügt hat. Nach dieser Rechnung wird in 36—47 Jahren kein verfügbares Land auf den Inseln vorhanden sein. Aber wie diese Tabelle zeigt, nahm das abgegebene Areal von Jahr zu Jahr zu, besonders in den letzten Jahren. Es mag noch richtiger sein, die durchschnittliche Zahl der letzten fünf Jahre, von 1897—1901, unserer Rechnung zugrunde zu legen; danach betrug das verteilte Areal 122 988 ha und das zurückgegebene 24 673 ha pro Jahr im Durchschnitt, so dafs das wirkliche, in den Händen der Ansiedler gebliebene Land rund 100 000 ha ausmachte. Führt der Staat in dieser beschleunigten Weise die Kolonisation des Landes durch, so kann er in 18—23 Jahren seine Aufgabe vollenden. Im grofsen und ganzen können wir erwarten, dafs der Staat in einem Vierteljahrhundert die Aufteilung des Landes gänzlich durchführen wird.

Nach der gegenwärtigen Landgesetzgebung kann der Staat als ersten Abschnitt der Landabgabe das Anwesen den Ansiedlern leihen; erfüllen diese in einer bestimmten Zeit ihre Pflicht, dann erhalten sie das Land unentgeltlich als Privateigentum. Von dem ersten Schritte, der bedingten Landverleihung, hängt also die ganze zukünftige Grundbesitzverteilung überhaupt ab. Wer die Bedeutung der Frage der Grundbesitzverteilung zu würdigen weifs, versteht auch wohl, wie vorsichtig die Staatsbeamten bei der Aufteilung des Landes vorgehen müssen.

Nach unserem Messungssystem ist die Einheit des Grundbesitzes und auch des landwirtschaftlichen Betriebes in Hokkaido 5 ha; die Landesgesetzgebung enthält aber eine Bestimmung, wonach der Staat einem Ansiedler bis zu 500 ha für den Zweck des Ackerbaues zuteilen kann, für die Viehzucht und den Waldbau sogar noch mehr, und zwar rund 666 resp. 833 ha. Bis zu diesem Maximalareal haben die Sachverständigen freie Hand in der Verfügung des Landes. Damit treten wir nun an die dritte Frage heran, nämlich:

§ 3. In welchem Verhältnis steht die Teilung des Landes zu seiner Gröfse?

Um diese Frage zu beantworten, ist unser Material leider ziemlich mangelhaft. Die einzigen verfügbaren amtlichen Quellen sind die Statistik über die Verteilung des Landes für den Ackerbau in den Jahren 1900 und 1901 und die Statistik des Landes, welches gemäfs der Landgesetzgebung von 1897 für denselben Zweck verfügt wurde und zu Ende des Jahres 1900 in den Händen der Ansiedler blieb.

Tabelle XIX. **Das verfügte Land für den Zweck des Ackerbaues in den Jahren 1900 und 1901.**

Gröfse	1900		1901	
	Zahl	Areal	Zahl	Areal
unter 5 000 Tsubo	6 761	10 963 552	6 515	9 004 453
5— 15 000 „	5 587	70 167 562	5 118	63 230 047
15— 30 000 „	1 566	34 316 707	2 001	44 193 850
30— 60 000 „	408	18 091 046	563	24 467 786
60—100 000 „	289	24 818 480	315	26 392 266
100—300 000 „	51	10 491 094	60	12 360 848
mehr als 300 000 „	97	74 075 645	117	90 871 878
zusammen	14 759	242 924 085	14 689	270 520 128

Tabelle XX. **Das für den Zweck des Ackerbaues verfügte und zu Ende des Jahres 1900 in Händen der Verleihenden gebliebene Land.**

Gröfse	Zahl	Areal
unter 5 000 Tsubo	17 501	28 367 250
5— 15 000 „	18 486	226 999 173
15— 30 000 „	6 096	131 850 101
30— 60 000 „	1 413	60 907 666
60—100 000 „	670	55 187 647
100—300 000 „	380	74 368 475
mehr als 300 000 „	421	389 055 418
zusammen	44 967	966 735 731

Wir fassen nun die letzte Tabelle hier näher ins Auge und bemerken, dafs die Abgabe des Landes in Stücken von über 300 000 Tsubo (100 ha) der Häufigkeit nach am seltensten, aber dem Areal nach am stärksten vertreten ist. Wo der landwirtschaftliche Betrieb verhältnismäfsig klein und intensiv ist, wie in Hokkaido, scheint uns dieses Verhältnis ziemlich bedenklich. In Anlehnung an die Begriffe von Roscher über Grofs-, Mittel- und Kleingüter habe ich versucht, die Gröfse dieser drei Arten für unseren Fall festzustellen; ich komme zu dem Resultat, dafs man auf diesen Inseln die Güter

von mehr als 12 000 Tsubo (4 ha) als Kleingüter
„ „ „ 30 000 „ (10 „) „ Mittelgüter und
„ „ „ 150 000 „ (50 „) „ Grofsbetriebe

bezeichnen kann[1]. Wenn wir diese Gröfsenklassen als ideale Grundlage nehmen, diese aber so modifizieren, dafs die amtlichen Gröfsenklassen subsumiert werden können, so ergibt sich vielleicht das folgende Schema als zweckmäfsig:

Parzellenbetriebe: weniger als 5000 Tsubo (ungefähr 1,7 ha);
Kleinbetriebe: 5000—30 000 Tsubo (1,7—10 ha);
Mittelbetriebe: 30 000—300 000 Tsubo (10—100 ha);
Grofsbetriebe: mehr als 300 000 Tsubo (über 100 ha).

Die amtlichen Zahlen zeigen, nach dieser Einteilung gruppiert, folgende Verhältnisse:

Tabelle XXI.

	Absolute Zahl		Prozentsatz	
	Anzahl	Areal (Tsubo)	Anzahl	Areal
Parzellengüter .	17 501	28 367 250	38,9	2,9
Kleingüter . .	24 582	358 849 274	54,7	37,1
Mittelgüter . .	2 463	190 463 788	5,5	19,7
Grofsgüter . .	421	389 055 418	0,9	40,3
Summa . . .	44 967	966 735 731	100	100

Der Zahl nach kommen die Kleingüter zuerst, diesen folgen die Parzellen-, Mittel- und Grofsgüter, während aber dem Areal nach die Grofsgüter die erste Stelle einnehmen und die Klein-, Mittel- und Parzellengüter folgen. Wenn man nach meinen Untersuchungen die Güter von mehr als 50 ha zu den Grofsgütern rechnet, so wird man einen noch viel gröfseren Prozentsatz der Grofsgüter haben. Dieses Resultat zeigt, um wieviel bedeutender und stärker die Grofsgüter und um wie-

[1] Meine Broschüre über Grofs-. Mittel- und Kleingüter in Hokkaido (japanisch), S. 52.

viel schwächer dagegen die Mittelgüter sich repräsentieren als in Deutschland oder in Frankreich. Wenn man die Statistik der Tabelle XIX näher betrachtet, so findet man, dafs das Resultat dieser Tabelle mit demjenigen von Tabelle XX übereinstimmt. Aber wenn man diejenigen berücksichtigt, die auf einem derartigen Grofsgut eigene Wirtschaft treiben, so sind die Zustände doch nicht so schlimm, wie es bei den Teilungsverhältnissen des Landes den Anschein hat. Leider sind die wirklichen Zustände der landwirtschaftlichen Einrichtungen nicht erfreulich. Heutzutage sieht man selten in dieser Gegend einen landwirtschaftlichen Betrieb von mehr als 30 ha auf eigenem Land oder Pachtland, abgesehen von einigen Gütern, auf welchen hauptsächlich Viehzucht getrieben wird. Diese grofsen Grundbesitzer teilen gewöhnlich ihr Land wieder in kleine Stücke von je 5 ha oder ähnliche Gröfsen, um sie zu verpachten. Die Statistik über die Eigenwirtschafter und Pächter bringt diese Tatsache zutage.

Tabelle XXII. **Zahl der Betriebe.**

Jahre	Nur eigenes Land	Nur Pachtland	Eigenes und Pachtland	Zusammen
1886	12 023	2 536	—	14 559
1891	19 967	6 108	—	26 075
1896	35 724	18 604	—	54 328
1898	38 668	29 038	7 709	75 415
1899	53 399	30 383	10 499	94 281
1900	51 803	35 515	11 451	98 769
1901	51 201	36 269	10 733	98 212

Tabelle XXIII. **Landwirtschaftliche Betriebe mit oder ohne Nebengewerbe.**

Jahre	Landwirtschaft ohne Nebengewerbe				Landwirtschaft mit Nebengewerbe.				Zusammen
	Nur eigenes Land	Nur Pachtland	Eigenes und Pachtland	Zusammen	Nur eigenes Land	Nur Pachtland	Eigenes und Pachtland	Zusammen	
1886	7 749	1 375	—	9 124	4 274	1 161	—	5 434	14 559
1891	13 401	4 391	—	17 729	6 566	1 717	—	8 283	26 075
1896	27 577	15 272	—	42 849	8 147	3 332	—	11 479	54 328
1898	32 587	26 098	6 156	64 842	6 079	2 940	1 553	10 572	75 415
1899	35 251	24 862	7 165	67 278	18 148	5 521	3 334	27 003	94 281
1900	34 770	28 523	7 032	70 325	17 033	6 992	4 419	28 444	98 769
1901	34 983	29 983	6 517	71 493	16 218	6 286	4 216	26 720	98 212

Tabelle XXIV. **Prozentsatz der landwirtschaftlichen Betriebe mit oder ohne Nebengewerbe und auf eigenes Land und auf Pachtland.**

Jahre	Landwirtschaftliche Betriebe		Landwirtschaftliche Betriebe		
	ohne Nebengewerbe	mit Nebengewerbe	auf nur eigenes Land	auf nur Pachtland	auf eigenes u. Pachtland
1886	62,67	37,33	82,58	17,42	—
1891	68,22	31,77	76,58	23,42	—
1896	78,87	21,13	65,76	34,24	—
1898	85,98	14,02	51,27	38,50	10,23
1899	71,36	28,64	56,64	32,24	11,12
1900	70,19	29,81	52,45	35,96	11,59
1901	72,79	27,21	52,13	36,93	10,94

Tabelle XXII zeigt die absolute Zahl der Eigenwirtschafter und Pächter, Tabelle XXIII unterscheidet sie wieder je nach der Landwirtschaft als Hauptberuf oder Nebenberuf, und Tabelle XXIV zeigt den Prozentsatz der Eigenwirtschafter und Pächter. Nach diesen Tabellen ist der Prozenstaz der Eigenwirtschafter in den letzten 16 Jahren von 82,58 % auf 52,13 %, also um 30,45 %, heruntergegangen, dagegen ist der Prozentsatz der Pächter von 17,42 % auf 36,93 %, also um 19,51 %, gestiegen. Der Prozentsatz derjenigen, welche beide Betriebsweise haben, blieb unverändert. Noch deutlicher kann man die Vermehrung der Pachtwirtschafter ihrem Areal nach sehen. Im Jahre 1901 gehörten 7065,4 ha Reisfeld und 133 251,9 ha trockenes Feld, zusammen 140 317,3 ha Ackerland, den Eigenwirtschaftern; dagegen hatten die Pachtwirtschafter 5522,3 ha Reisfeld und 119 945,4 ha trockenes Feld, zusammen 125 467,7 ha Ackerland. Also 52,8 % des gesamten Ackerlandes kommt auf die erste Kategorie der Betriebsweise und die übrigen 47,2 % auf die Pächter. Einen kolossalen Prozentsatz nahm der Pachtbetrieb ein. Dafs der Pachtbetrieb von Jahr zu Jahr bedeutender wird, zeigt die Tabelle XXV auf S. 83 ganz klar.

Der Umfang des Pachtlandes nahm seit dem Jahre 1886 ohne einzige Ausnahme stetig und ziemlich rasch zu, so dafs das Pachtland, welches im Jahre 1886 nur 18,4 % des gesamten Ackerlandes umfafste, schon im Jahre 1901 47,24 % betrug, d. h. fast die Hälfte des gesamten Areals ausmachte. Nimmt der Umfang des Pachtlandes fortlaufend in dieser Weise zu, so wird es nicht lange dauern, bis das Pachtland das Eigenwirtschaftsland im Umfang überholt hat. Diese Erscheinung ist gar nicht erfreulich. Es gibt kein Land, in welchem die wirtschaftlich abhängige Klasse eine so bedeutende Rolle spielt wie in Hokkaido, abgesehen von Grofsbritannien und Irland.

Tabelle XXV. **Prozentsatz der landwirtschaftlichen Betriebe nach dem Areal.**

Jahre	Reisfeld		Trockenfeld		Zusammen	
	Eigenes Wirtschafts-land	Pachtland	Eigenes Wirtschafts-land	Pachtland	Eigenes Wirtschafts-land	Pachtland
1886	73,3	26,7	82,5	17,5	81,6	18,4
1887	69,3	30,7	82,2	17,8	81,4	18,6
1888	69,6	30,4	80,3	19,7	79,7	20,3
1892	69,6	30,4	77,0	23,0	76,6	23,4
1894	74,4	25,6	80,1	19,9	74,6	25,4
1895	75,2	24,8	73,3	26,7	73,3	26,7
1896	68,4	31,6	69,9	30,1	69,8	30,2
1897	64,4	35,6	63,9	36,1	63,9	36,1
1898	65,8	34,2	62,4	37,6	62,6	37,4
1899	62,4	37,6	56,2	43,8	56,4	43,6
1900	60,2	39,8	53,4	46,6	53,6	46,4
1901	56,1	43,9	52,6	47,4	52,8	47,2

Nach meiner Überzeugung mag es schwer, ja unmöglich sein, diese Klasse aus den landwirtschaftlichen Kreisen gänzlich auszuscheiden. Im Gegenteil ist sie unter gewissen Umständen ein notwendiges Werkzeug. Es liegt nur in den Händen der Staatsmänner, die Kolonisationspolitik in der Weise durchzuführen, dafs diese Klasse möglichst eingeschränkt wird. Ich gebe auch zu, dafs unsere wirtschaftlichen, nationalen und natürlichen Verhältnisse an diesem unglücklichen Erfolge zum Teil schuld sind. Japan ist reich an Arbeitskräften, aber leider noch nicht so reich an Kapital wie jener Faktor der Produktion. Die Ansiedlungslustigen werden meistens durch die wirtschaftliche Not gezwungen, in diesem neuen, noch wenig bekannten Lande sich anzusiedeln. Ihr einziges Eigentum besteht in ihrer Arbeitskraft; Kapital besitzen sie wenig. Aufserdem war es aus verschiedenen Gründen unmöglich, die kapitalistische Landwirtschaft in grofser Ausdehnung hier in Hokkaido zu treiben. Die Gründe sind folgende:

1. Unsere Landwirte sind gewöhnt, in den alten Teilen Japans ihr Gewerbe nur in kleinem Mafsstabe zu treiben;
2. es ist schwierig, einen geeigneten und gebildeten Leiter für den grofsen Betrieb zu finden;
3. es ist schwierig, die Maschinen hier zu brauchen, weil das Land zum gröfsten Teil mit Urwald bedeckt ist, welcher zunächst ausgerodet werden mufs, bevor man den Ackerbau mit Maschinen treiben kann;

4. Mangel an Erfahrungen der grofsen Betriebsunternehmer in Hokkaido;
5. es ist schwer, Arbeiter in genügender Menge zu beschaffen, die Arbeitslöhne sind hoch;
6. hoher Kapitalzins;
7. Ungünstige Absatzverhältnisse infolge des unvollkommenen Verkehrswesens;
8. gute Rentabilität der Verpachtung.

Unter solchen sozialen, wirtschaftlichen und nationalen Verhältnissen ist es wohl begreiflich, dafs der Staat, um das neue Land urbar zu machen und dadurch möglichst schnell die natürlichen Schätze zu heben, auf die Heranziehung menschlicher Arbeitskräfte sein Augenmerk lenkte und, um das Kapital einzuführen, den Pachtbetrieb förderte. Wir verdanken dieser Politik, dafs wir heute schon 265 785 ha Ackerland und 1 011 892 Bewohner haben und 13 342 010 Yen durch die landwirtschaftlichen Produkte jährlich gewonnen werden.

Aber mit der Zeit verändern sich diese sozialen, wirtschaftlichen und nationalen Zustände. Durch die Einrichtung und Verbesserung des Verkehrs- und Kreditwesens, durch die Förderung der landwirtschaftlichen Bildung, durch die Vermehrung der Bevölkerung, durch die Durchführung der Urbarmachung, durch die vermehrten Erfahrungen in der Landwirtschaft, durch den Aufschwung, den die Industrie nahm usw., wurden die eben kurz betonten Hindernisse gegen die Entstehung der Grofsbetriebe teilweise oder gänzlich überwunden. Wir können mit Sicherheit voraussagen, dafs wir die eigentlichen Grofsbetriebe der Landwirtschaft bald auf diesen Inseln sehen werden. Wenn der Staat trotzdem in dieser Zeit des wirtschaftlichen Aufschwunges die bisherige Landpolitik weiter fortsetzt und auf die Heranziehung der wirtschaftlich abhängigen Menschen und auf die Bildung der Staaten im Staat so grofses Gewicht legt, so müssen wir gegen die Politik des Staates auftreten. Die erste und dringendste Aufgabe des Staates ist diejenige, zunächst die Grenze des Maximalareals des abzugebenden Landes bedeutend herabzusetzen, um keine Latifundienbesitzer mehr aufkommen zu lassen und die zweckmäfsige Existenz der Grofs-, Mittel- und Kleingüter in einer Gegend zu fördern.

§ 4. Die landwirtschaftliche Betriebsweise in Hokkaido.

Da die Pachtwirtschaft in Hokkaido eine grofse Rolle spielt, so wird es nützlich sein, hier auf die üblichen Pachtverhältnisse einzugehen. Man unterscheidet im grofsen und ganzen zwei Arten von Pachtsystemen in Hokkaido, nämlich:

1. das sogenannte Urbarmachungspachtsystem und
2. das gewöhnliche Pachtsystem.

Unter der ersten Art versteht man ein Betriebssystem, wonach die Pächter von Anfang der Urbarmachung an das Land pachten. In diesem Falle müssen die Verpächter, deren geliehenes Land mehr als 50 ha beträgt, gemäfs der Landgesetzgebung von 1900 die Pächter aufserhalb der Inseln haben. Diese gesetzliche Bestimmung beabsichtigt dem vorzubeugen, dafs die Verpächter anderer Güter die Pächter an sich reifsen. Die Pächter sind meistens arme Leute, welche die wirtschaftliche Not gezwungen hat, sich auf diesen Inseln anzusiedeln. Naturgemäfs fehlt es ihnen sehr häufig an Reisegeld, um von ihrer Heimat nach Hokkaido zu gelangen. Die Verpächter leihen ihnen diese Summe oder $^2/_3$ derselben; doch zahlen zuweilen die Verpächter oder auch die Pächter die ganze Summe des Reisegeldes, je nach den Bestimmungen. Das Areal des Pachtlandes ist gewöhnlich 5 ha, wie die Einheit des Areals im Vermessungswesen, aber es schwankt doch auch zwischen 3—4 ha bezw. 10 ha. Die Verpächter leihen in den meisten Fällen den Pächtern von dem Augenblick der Ankunft auf den Gütern an bis zur ersten Ernte die Lebensunterhaltungskosten, entweder in Naturalien oder in Geld; aufserdem gewöhnlich auch 5—15 Yen für Hausbau, Geräte und Sämereien. Man mufs sich ganz klar darüber sein, dafs diese Pächter so arm sind, dafs sie sich aus eigenen Mitteln fast nicht ernähren können. Im anderen Falle erhalten sie vom Staat unentgeltlich ein Stück Land und können selbständige Grundeigentümer werden. Für die Urbarmachung bezahlen die Verpächter den Pächtern die Kosten, welche je nach der natürlichen und wirtschaftlichen Lage der Güter zwischen 70—80 Sen und 3—5 Yen pro $^1/_{10}$ ha schwanken, aber gewöhnlich 2 Yen pro $^1/_{10}$ ha betragen. Die Pächter sind in den meisten Fällen drei Jahre nach der Vollendung der Urbarmachung des Landes vom Pachtzins befreit. Nach Verlauf dieser Frist bezahlen die Pächter den Pachtzins, der im ersten Jahre 50 Sen bis 1 Yen pro $^1/_{10}$ ha. beträgt und allmählich bis zu 1,50—2 Yen innerhalb fünf Jahren steigt. Der höchste Pachtzins, welchen wir heute auf den Inseln sehen, beträgt 4 Yen (8 Mk.) pro $^1/_{10}$ ha. Dieser Pachtzins gilt für Gegenden, in denen man hauptsächlich Indigo baut.

In einem Lande, in welchem man vom Staat unentgeltlich Land erhalten kann, ist es natürlich, dafs die Pächter sich bestreben, so bald als möglich freier Eigentümer zu werden. Wenn die Pächter in Hokkaido durch ihre Bemühungen zu einem gewissen Vermögen gelangt sind, so kaufen sie ein Gut, dessen Preis hier noch nicht hoch ist, oder sie erhalten das urbar zu machende Land vom Staat. Dieses Bestreben der Pächter veranlafst einen häufigen Wechsel derselben auf den Gütern. Um dies zu vermeiden und zugleich die Ausgaben für die Urbarmachung zu ersparen, überlassen die Verpächter einen Teil des Pachtlandes unentgeltlich den Pächtern, wenn sie ihre Pflicht erfüllt haben. Hierdurch werden die letzteren veranlaſst, lange auf denselben Gütern zu bleiben. Das zu schenkende Areal des Landes schwankt zwischen $^1/_{15}$—$^8/_{10}$ des gesamten Landes, aber gewöhnlich zwischen $^1/_3$—$^1/_2$. In dem Fall, in welchem die Pächter einen solchen günstigen Vertrag schlieſsen, müssen sie naturgemäſs mit den geringen Unterstützungen der Verpächter für ihre Reise, Lebensunterhalt usw. zufrieden sein. Auſserdem bezahlen die Verpächter für das zu schenkende Land keine Urbarmachungskosten. Diese Politik ergibt nach den bisherigen Erfahrungen gute Erfolge.

Die zweite Form des Pachtsystems ist die gewöhnliche Verpachtung des Landes, d. h. die Verpachtung eines Landes, dessen Urbarmachung schon fertig ist, so daſs die Pächter vom ersten Jahre an Ackerbau oder Viehzucht darauf treiben können. In diesem Fall genieſsen die Pächter keine Unterstützung von den Verpächtern; dagegen müssen die Pächter vom ersten Jahre der Vertragschlieſsung an den Pachtzins bezahlen, welcher je nach der Art und der Lage des Ackerlandes verschieden ist. Der Pachtzins für das trockene Feld ist in Geld zu entrichten und beträgt gewöhnlich 1,5—2 Yen pro $^1/_{10}$ ha, während für das Reisfeld der Naturalienpachtzins (Reis) nicht selten vorkommt, weil der Reis ein Hauptnahrungsmittel des Volkes ist. Er beträgt im allgemeinen 4 To (73 Liter) Reis pro $^1/_{10}$ ha und höchstens 6 To (110 Liter). Man bezahlt seinen Pachtzins im Herbst (November) nach der Ernte, zuweilen zweimal in einem Jahre, d. h. im Frühling und im Herbst. In Gegenden, in welchen Flachs, Raps und andere Handelsgewächse die Hauptkulturpflanzen bilden, ist der Zahlungstermin sehr häufig im Sommer. Es ist Sitte, den Pachtvertrag gewöhnlich nach fünf Jahren zu erneuern. Die soeben geschilderten Pachtverhältnisse sind in Hokkaido vorherrschend. Daſs es auch einige Abweichungen in diesen Verhältnissen gibt, brauche ich kaum hier zu erwähnen.

Drittes Kapitel.

Die wirtschaftliche Entwicklung in Hokkaido im allgemeinen.

Majo Smith sagt mit Recht: „Der augenfälligste Vorteil der Einwanderung für ein neues Land ist die demselben zugeführte wirtschaftliche Stärkung. Ein fortwährendes Zuströmen neuer Arbeitskräfte ermöglicht es, die Hilfsquellen des Landes zu entwickeln und den materiellen Wohlstand zu mehren[1]." Die wirtschaftlichen Ergebnisse unserer inneren Kolonisation in Hokkaido habe ich teilweise in den geschichtlichen Darstellungen geschildert. Dort haben wir schon gesehen, daſs innerhalb 33 Jahren, von 1869—1901, im ganzen 696 204 Kolonisten sich ansiedelten, die mit dieser Zahl ohne Zweifel den gröſsten Teil der Einwohner in Hokkaido bilden. Aber für die gesamte Bevölkerung auf den Inseln kommt noch das Überwiegen der Geburten gegenüber den Todesfällen in Betracht. Die Vermehrung der Bevölkerung in Hokkaido zeigt die folgende Tabelle XXVI. Danach finden wir 1 011 892 Köpfe zu Ende des Jahres 1901.

Tabelle XXVI. **Einwohner.**

Jahre	Einwohner	Zunahme der Einwohner	Auf ein Quadratri kommen Einwohner
1869	58 467	—	9,53
1870	66 618	8 151	10,86
1871	89 901	23 283	14,65
1872	111 196	21 295	18,13
1873	171 491	60 295	27,95
1874	179 688	8 197	29,29
1875	183 630	3 942	29,93
1876	188 602	4 972	30,74
1877	191 172	2 570	31,16
1878	205 643	14 471	33,52
1879	219 466	13 823	35,77
1880	223 290	3 824	36,40
1881	240 391	17 101	39,19
1882	243 593	3 202	39,71
1883	258 390	14 797	42,12
1884	283 891	25 501	46,28
1885	286 937	3 046	46,77
1886	303 746	16 809	49,51
1887	328 686	24 940	53,58
1888	354 821	26 135	57,84
1889	388 142	33 321	63,27
1890	406 514	18 372	66,26
1891	444 643	38 129	72,48
1892	485 377	40 734	79,12
1893	559 959	74 582	91,28
1894	586 183	26 224	95,55
1895	639 863	53 680	104,30
1896	690 002	50 139	112,48
1897	787 883	97 881	128,43
1898	853 239	65 356	139,08
1899	922 508	69 269	150,38
1900	985 304	62 796	160,61
1901	1 011 892	26 588	164,95

[1] M. Smith, Einwanderung und Einwanderungspolitik in Nordamerika, S. 257.

Diese eine Million Menschen sind mehr oder weniger beschäftigt, „die Hilfsquellen des Landes zu entwickeln“. Hierdurch vermehrte sich die wirtschaftliche Produktion in Hokkaido so bedeutend, daſs der Wert der gesamten Produkte im Jahre 1901 schon mehr als 37 Millionen Yen betrug.

Tabelle XXVII. **Produktion [1].**

Jahre	Produktion in Yen				
	landwirtschaftliche	Fischerei	minerale	industrielle	zusammen
1870	475	389 616	—	153	390 244
1871	579	1 374 042	—	178	1 374 799
1872	768	1 892 486	—	402	1 893 656
1873	41 126	2 307 349	—	2 980	2 351 455
1874	56 485	3 121 098	—	2 359	3 179 942
1875	135 685	2 762 840	1 578	5 913	2 906 016
1876	148 502	3 005 086	1 006	11 812	3 166 406
1877	132 111	3 132 458	1 101	9 575	3 275 245
1878	159 848	4 018 354	14 915	8 542	4 201 659
1879	283 976	6 966 118	33 325	8 099	7 291 518
1880	454 002	10 404 397	39 218	10 047	10 907 664
1881	573 001	7 116 465	42 451	11 885	7 743 802
1882	527 578	7 325 443	52 414	—	7 905 435
1883	376 061	5 100 270	226 109	—	5 702 440
1884	425 038	4 996 912	224 726	3 318	5 649 994
1885	710 414	4 378 003	244 638	5 996	5 339 051
1886	864 264	4 539 825	62 824	560 663	6 027 586
1887	846 275	5 263 812	98 832	817 355	7 026 274
1888	826 058	5 953 530	148 067	1 197 970	8 125 625
1889	700 381	6 804 960	390 086	1 296 531	9 191 358
1890	1 329 768	7 964 668	433 270	1 227 570	10 956 276
1891	1 422 486	7 892 395	659 732	1 444 875	11 419 488
1892	2 032 418	7 172 858	1 327 852	1 678 180	12 211 308
1893	1 789 692	8 763 176	1 260 473	1 494 838	13 308 179
1894	3 454 414	8 429 361	1 677 512	5 467 426	19 028 713
1895	3 542 197	8 519 816	2 569 284	5 607 616	20 238 913
1896	5 140 044	11 241 473	2 613 943	8 083 309	27 078 769
1897	7 515 859	13 997 723	4 019 604	11 704 910	37 238 096
1898	7 777 591	10 267 755	4 927 416	11 287 514	34 260 276
1899	12 216 214	12 631 065	3 716 018	5 971 015	34 534 312
1900	14 210 748	12 260 843	5 388 631	5 971 015	37 831 237
1901	13 342 010	12 865 912	6 435 421	4 552 786	37 196 129
				Summa:	398 952 455

Wie die Tabelle XXVII zeigt, betrug der Wert der gesamten Produkte vom Jahre 1870 bis zum Jahre 1901 398 952 455 Yen, d. s. pro Jahr 12 467 264 Yen. Seit dem chinesisch-japanischen Kriege im Jahre 1894/95 haben sich alle Erwerbs-

[1] Rechnet nach dem durchschnittlichen Preis am Produktionsorte.

zweige besonders rasch entwickelt. Von den gesamten Produkten nehmen die landwirtschaftlichen ihrem Werte nach die erste Stelle ein; dann folgen die Fischereiprodukte, dann die Mineral- und die industriellen Produkte.

Unter den landwirtschaftlichen spielen die Pflanzenprodukte eine bedeutende Rolle, wie wir schon gesehen haben; unter den Mineralprodukten sind die Steinkohlen die wichtigsten. Hokkaido ist reich an diesen Mineralien. Obgleich es in der Produktion heute noch hinter Kiushiu in Südjapan zurücksteht, so hat es doch viel gröfsere Steinkohlenschätze als dieses. Nach den Untersuchungen der wichtigsten Steinkohlenvorräte hatte Hokkaido vor ungefähr 15 Jahren 5 977 580 000 Tonnen Steinkohlen. Wenn man noch genauere Untersuchungen über den ganzen Steinkohlenreichtum anstellt, so wird man noch viel gröfsere Schätze hier finden. Nächst den Steinkohlen kommt der Schwefel in Betracht, welcher hauptsächlich auf den Kurilen-Inseln ausgegraben wird. Unter den industriellen Produkten erwähnen wir als die wichtigsten: Weizenmehl, Sake (jap. Reiswein) Schnitzholz für Zündhölzchen usw.; und unter den Fischereiprodukten Hering, Lachs, Laminarien usw., wie wir früher schon geschildert haben. Diese Produktion wird mit der Vermehrung der Bevölkerung, mit der Beschleunigung der Urbarmachung, mit der Verbesserung des Verkehrswesens, mit der Entwicklung der wirtschaftlichen Zustände usw. in gewissen Zeiträumen in schnellerem Tempo als die arithmetische Progression einen Fortschritt machen.

Von der gesamten Produktion in Hokkaido werden die landwirtschaftlichen Produkte zum gröfseren Teil wieder auf den Inseln konsumiert und der kleinere Teil ausgeführt. Azuki, Soja-Bohnen und Raps sind besonders zu erwähnen. Die Hauptausfuhrwaren sind heute noch, wie früher, die Fischereiprodukte, welche über die Hälfte der gesamten Ausfuhr betragen. Diese Produkte werden nicht nur nach dem alten Teil Japans, sondern auch nach China exportiert. Der Heringsdünger macht den Soja-Bohnen aus Korea auf den inländischen Märkten grofse Konkurrenz. Laminarien, Stockfische, Seegurken usw. finden ihren Hauptabsatz auch in China. Die Steinkohlen befriedigen nicht nur den Bedarf in Japan, sondern treten in Wettbewerb auf den Märkten in China, im asiatischen Rufsland, Saigon, Java usw.

Während die Ausfuhrwaren hauptsächlich aus Rohprodukten bestehen, bilden die täglichen Bedarfsartikel den Kern der Einfuhr nach Hokkaido aus dem alten Teil Japans. Der Reis nimmt die erste Stelle unter den Einfuhrwaren ein; dann folgen Kleidungsstoffe, Zucker, Tabak, Getränke usw.

Hierher Tabelle XXVIII auf S. 90.

Wie Tabelle XXVIII zeigt, betrug die gesamte Ausfuhr von Hokkaido nach dem alten Teil Japans 356 584 066 Yen,

Tabelle XXVIII.

Aus- und Einfuhr aus und nach alten Teilen Japans.

Jahre	Yen			
	Ausfuhr	Einfuhr	Zusammen	Überschufs der Einfuhr über Ausfuhr
1875	2 479 673	1 955 516	4 435 189	524 157[1]
1877	1 821 015	1 599 455	2 420 470	221 560[1]
1878	3 104 217	2 983 851	6 088 068	120 366[1]
1879	5 820 165	5 255 953	11 076 118	564 212[1]
1880	8 414 834	10 931 035	19 345 869	2 516 205
1881	8 084 962	13 230 031	21 314 993	5 145 069
1882	8 320 997	12 055 386	20 376 383	3 734 389
1883	5 465 812	8 042 679	13 508 491	2 576 867
1884	5 901 275	5 812 200	11 713 475	89 075[1]
1885	6 150 554	7 968 938	14 119 492	1 818 384
1886	5 001 515	5 625 590	10 627 105	624 075
1887	5 673 054	6 512 989	12 186 043	839 935
1888	7 169 821	7 771 748	14 941 569	601 927
1889	8 084 487	8 517 134	16 601 621	432 647
1890	13 251 947	16 267 882	29 519 829	3 015 935
1891	12 972 006	14 909 864	27 881 870	1 937 858
1892	12 644 979	14 420 016	27 064 995	1 775 037
1893	17 268 833	19 475 688	36 744 521	2 206 855
1894	18 150 100	21 890 542	40 040 642	3 740 442
1895	18 552 480	21 298 475	39 850 955	2 745 995
1896	27 640 855	36 046 110	63 686 965	8 405 255
1897	36 115 210	43 090 333	79 205 543	6 975 123
1898	23 893 404	31 853 718	55 747 122	796 034
1899	30 785 481	39 897 393	70 682 874	9 111 712
1900	32 086 943	44 027 304	66 114 247	11 940 361
1901	31 729 447	40 363 639	72 093 086	8 634 192

während die Einfuhr sich auf 401 439 830 Yen belief; also der Überschufs der Einfuhr war 44 855 764 Yen. Auf diese Weise sind die Handelsverhältnisse zwischen Hokkaido und dem alten Teil Japans nicht günstig für jene Insel. Hokkaido hat fast immer Passivbilanz. Das Debet wurde bis heute gerade mit dem Zuschufs des Staates für die Kolonisation gedeckt, wie wir im nächsten Paragraphen sehen werden.

Ein recht erfreuliches Resultat gibt der Aufsenhandel. Es gibt vier Häfen in Hokkaido für diese Art des Handels, nämlich: Hakodate, Otaru und Muroran als Ein- und Ausfuhrhäfen und Kushiro als Ausfuhrhafen. In den letzten 11 Jahren, von 1891 an, betrug die gesamte Ausfuhr 22 125 852 Yen, die gesamte Einfuhr 13 188 185 Yen, zusammen also 353 314 037 Yen, der Überschufs der Ausfuhr 8 937 667 Yen. Hokkaido hat in bezug auf den Aufsenhandel die Aktivbilanz, während

[1] Überschufs der Ausfuhr über die Einfuhr.

der gesamte Aufsenhandel Japans in derselben Zeit eine Passivbilanz von 276 068 695 hatte. Die Aus- und Einfuhr aus den einzelnen Häfen in den letzten fünf Jahren, von 1897 an, zeigt folgende Tabelle XXIX deutlich.

Tabelle XXIX. **Auswärtiger Handel.**

Häfen		Yen 1897	1898	1899	1900	1901
Hakodate	Ausfuhr	1 658 812,32	1 652 593,80	2 116 050,96	2 127 614,11	2 336 636,47
	Einfuhr	1 176 061,70	1 698 156,33	1 726 462,14	3 009 284,25	2 415 023,62
Otaru . .	Ausfuhr	448 078,22	217 165,12	376 314,29	770 953,29	561 405,79
	Einfuhr	130 554,56	141 926,97	144 764,01	304 929,47	77 964,89
Muroran.	Ausfuhr	721 667,62	481 076,50	479 287,05	1 088 143,21	941 369,85
	Einfuhr	—	—	—	—	—
Kushiro .	Ausfuhr	—	—	—	—	—
	Einfuhr	—	—	84 690,89	74 317,91	159 008,80
zusammen	Ausfuhr	2 828 558,16	2 350 835,42	2 971 652,30	3 986 710,61	3 839 412,11
	Einfuhr	1 306 616,26	1 840 083,30	1 871 226,15	3 398 904,61	2 567 306,42
	Überschufs der Ausfuhr	1 521 941,90	510 752,12	1 100 426,15	587 806,00	1 272 105,69
	zusammen	4 135 174,42	4 190 918,72	4 842 878,45	7 385 615,22	6 406 718,53

Was die Fortschritte des Aufsenhandels noch deutlicher zeigt, ist die Zahl des Tonnengehalts der Schiffe, welche für den Aufsenhandel bestimmt sind. Während im Jahre 1891 156 Aufsenhandelschiffe mit 563 335 Tonnengehalt in und aus Hakodate und 17 Schiffe mit 16 499 Tonnengehalt in und aus Otaru ausliefen, stieg diese Zahl der Schiffe nach 10 Jahren für jenen Hafen auf 552 mit 202 804 Tonnengehalt und für diesen auf 159 mit 136 742 Tonnengehalt. Einen noch bedeutenderen Fortschritt machte der Schiffsverkehr in Muroran. Als dieser Hafen im Jahre 1894 zum erstenmal als Spezialexporthafen eröffnet wurde, liefen nur sechs Schiffe mit 6664 Tonnengehalt hier ein und aus. Aber nach acht Jahren stieg die Zahl der Schiffe auf 204 und der Tonnengehalt auf 405 037 Tonnen; also vermehrte sich jene um das 34 fache und diese um das 60 fache.

Ein solcher Aufschwung des Aufsenhandels in Hokkaido ist hauptsächlich seiner geographischen Lage zu verdanken. Wenn man die Karte vom Pazifischen Ozean überblickt, so wird man sofort bemerken, dafs die Häfen von Hokkaido, besonders Hakodate und Otaru, für den Aufsenhandel eine grofse Zukunft haben. Mit der Entwicklung des asiatischen Rufslands, der Mandschurei und Koreas einerseits, und mit dem Fortschritt der Landwirtschaft und der Industrie an der westlichen Küste von Nordamerika und der Durchführung des Baues des Panamakanals anderseits, wird die Tsugarustrafse in Zukunft eine der wichtigsten Verkehrswege der Welt bilden und Hakodate sicher ein grofser Aufsenhandelshafen im Norden werden, während Kobe für den Handel nach China und den südlichen Ländern seine Zukunft hat.

Viertes Kapitel.

Die finanziellen Ergebnisse.

Zur Durchführung eines so gewaltigen Unternehmens, wie es die innere Kolonisation darstellt, sind naturgemäfs grofse Geldsummen erforderlich. Als die kaiserliche Regierung im Anfang des neuen Regime die Kolonisation in Hokkaido begann, bestimmte sie im Jahre 1871, den Plan mit 10000000 Yen Zuschufs aus dem Staat innerhalb von zehn Jahren zu vollenden. Es ist aber wohl begreiflich, dafs dieses mit der ausgeworfenen Summe unmöglich war. Das Kaitakushi konnte aber die Einnahme aus Hokkaido brauchen, welche einmal in die Staatskasse flossen und dann nach dem fünfprozentigen Abzug wieder in seine Hand zurückkamen. Folgende Tabelle zeigt, wieviel Geld in 32 Jahren, von 1869—1901, für Hokkaido ausgegeben wurde.

Hierher nebenstehende Tabelle XXX.

Im ganzen betrugen die Ausgaben 87029891 Yen. Wenn man die Einzelposten betrachtet, ergibt sich, dafs die Ausgaben der Kolonialbehörden in Hokkaido (Kaitakushi, die Behörde der drei Regierungsbezirke und das Hokkaido-Chō) 66169412 Yen betrugen und diejenigen für die Provinzialverwaltung von 1875—1889 7501437 Yen. Die letztere Ausgabe wurde teils durch das Provinzialeinkommen, teils durch staatlichen Zuschufs gedeckt, aber seit dem Rechnungsjahre 1890 wurde sie gänzlich vom Staat bezahlt, und das bisherige Provinzialeinkommen verwandelte sich selbstverständlich in ein Staatseinkommen. Aufser diesen beiden grofsen Ausgaben bestand noch eine dritte Ausgabe, und zwar diejenige, welche von den Ministerien in Tokio für Hokkaido unmittelbar verwandt wurde, z. B. die Ausgabe für Milizwesen, Gefängnisse, für höhere landwirtschaftliche Bildungsanstalten usw. Die Summe der dritten Ausgabe betrug im ganzen 13359041 Yen.

Die gesamten Ausgaben, sowohl für die reine Verwaltung wie auch für die Kolonisationstätigkeit, beliefen sich also im

Tabelle XXX.

Rechnungsjahre	Ausgaben (Yen)			
	der Kolonialbehörde in Hokkaido	für die Provinzialverwaltung	der Ministerien in Tokio für Hokkaido	zusammen
September 1869	25 734,394	—	—	25 734,394
Oktober 1869 bis September 1870	510 827,704	—	127 235,423	638 063,127
Oktober 1870 bis Dezember 1871	1 322 674,712	—	195 014,360	1 517 689,072
1872[1]	1 936 505,798	—	—	1 936 505,798
1873[1]	2 307 697,376	—	—	2 307 697,376
1874[1]	1 244 595,205	—	—	1 244 595,205
1875[1] und 1875	2 364 020,675	44 992,000	—	2 409 012,675
1876	1 211 960,436	81 922,000	—	1 293 882,436
1877	1 062 015,595	105 144,000	—	1 167 159,595
1878	1 583 262,791	184 066,000	—	1 767 328,791
1879	1 771 767,856	247 746,000	—	2 019 513,856
1880	2 527 076,871	486 194,000	—	3 013 270,871
1881		609 881,000		
1882		650 098,000		
1883	8 688 527,053	773 248,000	4 799 196,146	17 034 460,199
1884		776 386,000		
1885		737 124,000		
1886	2 246 046,791	771 546,000	—	3 017 592,791
1887	2 212 058,196	690 970,000	—	2 903 028,196
1888	2 321 708,490	680 921,000	—	3 002 629,490
1889	2 443 173,231	661 199,000	—	3 104 372,231
1890	1 997 648,727	—	442 997,763	2 440 646,490
1891	1 709 742,862	—	466 081,617	2 175 824,479
1892	1 805 411,844	—	473 413,751	2 278 825,595
1893	1 796 026,155	—	464 444,785	2 260 470,940
1894	1 904 247,208	—	451 117,068	2 355 364,276
1895	1 734 300,176	—	975 409,666	2 709 709 842
1896	1 932 664,956	—	1 044 578,244	2 977 243,200
1897	3 566 276,784	—	982 554,212	4 548 830,996
1898	4 897 135,717	—	1 006 402,444	5 903 538,161
1899	4 427 476,356	—	882 341,883	5 309 818,239
1900	4 618 828,511	—	1 048 254,548	5 667 083,059
Summe	66 169 412,470	7 501 437,000	13 359 041,910	87 029 891,380

ganzen auf 925,7 Yen pro Quadratkilometer Areal von Hokkaido, und zwar pro Jahr auf 28,9 Yen und pro Kopf der Einwohner auf 88,3 Yen.

Wenn man daran denkt, dafs nur die reinen Verwaltungskosten für Formosa von 1885—1901 pro Jahr pro englische Quadratmeile £ 7 4 sh 1 d (d. s. 179 Yen pro Quadratkilometer) betrugen[2], und wenn man sich erinnert, dafs zur Zeit Friedrichs des Grofsen für eine einzelne Kolonistenfamilie durchschnittlich

[1] Kalenderjahre.
[2] S. Goto, Formosa (Taiwan), S. 15.

400 Taler Beihilfe aus der Staatkasse erforderlich waren[1], so findet man, dafs die Ausgaben für die innere Kolonisation in Hokkaido bedeutend weniger betrugen.

Was uns besonders interessiert, ist der wirkliche Zuschufs des Staates für Hokkaido, weil die Provinzialverwaltungskosten teilweise durch das Provinzialeinkommen gedeckt wurden und die anderen Einnahmen aus Hokkaido ein Staatseinkommen bildeten.

Folgende Tabelle zeigt, wie hoch dieses gesamte Einkommen war.

Tabelle XXXI.

Rechnungsjahre[2]	Einnahmen (Yen)			
	der Staatskasse in Hokkaido	zur Deckung der Provinzial-Verwaltungskosten	der Behörden, welche direkt zu anderen Ministerien gehörten	zusammen
Von Oktober 1869 bis Septemb. 1870	359 057,769	—	—	359 057,769
Von Oktober 1870 bis Dezemb. 1871	622 827,711	—	—	622 827,711
1872[3]	208 711,385	—	—	208 711,385
1873[3]	772 313,592	—	—	772 313,592
1874[3]	679 223 527	—	—	679 223,527
1875[3] und 1875	1 030 036,998	174 293,000	—	1 204 329,998
1876	613 511,025	124 219,000	—	737 730,025
1877	633 432,162	126 427,000	—	759 859,162
1878	904 827,172	208 426,000	—	1 113 253,172
1879	1 104 539,142	290 868,000	—	1 395 407,142
1880	1 340 149,922	347 413,000	—	1 687 562,922
1881	4 319 663,189	351 134,000		
1882	958 898,760	334 504,000		
1883	727 196,528	298 008,000	333 245,547	9 255 123,226
1884	659 342,433	259 845,000		
1885	783 384,769	229 901,000		
1886	939 071,095	302 507,000	—	1 241 578,095
1887	613 782,071	111 129,000	—	724 911,071
1888	579 419,443	131 668,000	—	711 087,443
1889	576 413,079	133 076,000	—	709 489,079
1890	842 734,229	—	—	842 734,229
1891	693 905,626	—	—	693 905,626
1892	817 994,704	—	—	817 994,704
1893	859 642,691	—	—	859 642,691
1894	937 357,109	—	—	937 357,109
1895	902 989,108	—	?	902 989,108
1896	1 234 425,262	—	53 183,030	1 287 608,292
1897	1 478 365,142	—	82 107,510	1 560 472,652
1898	1 638 521,207	—	28 395,811	1 666 917,018
1899[4]	1 907 954,050	—	21 295,528	1 929 249,578
1900[4]	2 532 561 523	—	41 079,090	2 573 640,613
Summe	32 272 252,423	3 423 418,000	559 306,516	36 254 976,939

[1] Max Beheim-Schwarzbach, Hohenzollernsche Kolonisationen, S. 273.

[2] Rechnungsjahre: 1. April bis 31. März nächst. J.

[3] Kalenderjahre.

[4] Nach dem Budget.

Danach betrug das Einkommen der Staatskassen in Hokkaido 32 272 252 Yen, dasjenige zur Deckung der Provinzialverwaltungskosten (1875—89) 3 423 418 Yen und dasjenige der Behörden, welche direkt zu anderen Ministerien gehörten, 559 306 Yen, also im ganzen 36 254 976 Yen. Wenn man diese gesamte Einnahme mit der gesamten Ausgabe vergleicht, so bleiben als wirklicher Zuschufs des Staates, während eines Menschenalters, für die innere Kolonisation 50 774 914 Yen bestehen. Diese 50 Millionen Yen ist Hokkaido, vom finanziellen Standpunkt aus, dem alten Teil Japans schuldig. Ob Hokkaido mittelbar oder unmittelbar diese Schuld bezahlt hat, ist eine interessante Frage, zu deren Klärung wir die Handelsverhältnisse zwischen Hokkaido und dem alten Teil Japans in Betracht ziehen möchten. Wie schon betont, betrug die Einfuhr nach Hokkaido innerhalb 26 Jahren, vom Jahre 1875 bis zum Jahre 1901, im ganzen 401 439 830 Yen. Es mag aber nicht übertrieben sein, wenn man annimmt, dafs man von diesem Handelsumsatz 12 % profitiert hat, das macht 48 172 780 Yen, welche Summe gerade dem Zuschufs des Staates für die innere Kolonisation in Hokkaido entspricht. Man kann also wohl sagen, dafs Hokkaido den staatlichen Zuschufs dem alten Teil Japans in Form des Handelsprofites schon zurückgezahlt hat. Die Einfuhr nimmt von Jahr zu Jahr zu, so dafs der Profit aus dem Handel den jährlichen Zuschufs des Staates für Hokkaido bald überschreiten wird. Im grofsen und ganzen können wir mit den finanziellen Ergebnissen unserer inneren Kolonisation zufrieden sein.

Um die Kolonisation zu beschleunigen und um zugleich die finanzielle Unabhängigkeit der Selbstverwaltung von Hokkaido zu fördern, entwarf das Hokkaido-Chō im Jahre 1901 mit Bewilligung des Reichstages einen Plan, der innerhalb von zehn Jahren ausgeführt werden sollte. Danach teilten sich die Ausgaben für Hokkaido in drei Kategorien, nämlich:

1. die Ausgaben für die reine Verwaltung,
2. diejenigen für die Kolonisation und
3. die Provinzialausgaben.

Da die Kolonisation in Hokkaido ein staatliches Unternehmen ist, so sollen die Ausgaben der ersten beiden Kategorien aus den Staatskassen gedeckt werden, während die Provinzialausgaben mit dem Provinzialeinkommen bezahlt werden sollen. Obgleich die Selbstverwaltungsorganisation seit 1901 in Hokkaido durchgeführt wird, sind die wirtschaftlichen Kräfte der Selbstverwaltungsorgane doch noch nicht so stark, dafs sie mit eigenem Einkommen ihre gesamten Ausgaben decken können. Daher gibt der Staat jährlich einen gewissen Zuschufs, welcher vom Jahre 1901 an während zehn Jahre im ganzen 4 700 000 Yen betragen soll. Dieser Zuschufs wird vom Jahre 1901—1905 jährlich 520 000 Yen betragen und wird dann allmählich veringert werden, so dafs er im Jahre 1910 320000 Yen betragen wird.

Folgende Tabelle gewährt einen Überblick über diesen Plan.

Tabelle XXXII. **Ausgaben**

Rechnungsjahre	Yen			
	Reine Verwaltungsausgabe	Kolonisationsausgabe	zusammen	Provinzialausgabe
1901	1 145 489	1 253 569	2 399 058	1 418 675
1902	1 187 630	1 681 121	2 868 751	1 456 888
1903	1 203 017	2 289 725	3 492 742	1 505 940
1904	1 215 632	2 441 263	3 656 895	1 550 758
1905	1 233 090	2 477 863	3 710 953	1 626 729
1906	1 222 553	2 432 360	3 654 913	1 697 695
1907	1 200 907	2 242 667	3 443 574	1 770 418
1908	1 171 751	2 252 836	3 424 587	1 859 400
1909	1 138 159	2 262 943	3 401 102	1 952 936
1910	1 088 487	2 277 065	3 365 552	2 048 333
zusammen	11 806 715	21 611 412	33 418 127	16 887 772

Einnahmen

Rechnungsjahre	Yen		
	in Staatskasse	Provinzialeinnahmen zusammen	Provinzialeinnahmen Staatszuschufs
1900	1 733 487,421	—	—
1901	1 863 591,596	1 418 675	520 000
1902	1 981 094,786	1 456 888	520 000
1903	2 103 380,446	1 505 940	520 000
1904	2 230 775,613	1 550 758	520 000
1905	2 363 654,358	1 626 729	520 000
1906	2 502 414,696	1 697 695	500 000
1907	2 647 472,697	1 770 418	470 000
1908	2 799 304,476	1 859 400	430 000
1909	2 958 423,831	1 952 936	380 000
1910	3 125 387,859	2 048 333	320 000
zusammen	24 575 500,358	16 887 772	470 000

Vierter Abschnitt.

Die Eingeborenenpolitik.

Die Behandlung der Eingeborenen in einer Kolonie ist eine wichtige und schwere Frage, sowohl vom Standpunkt des Kolonialrechts, wie auch von demjenigen der Kolonialpolitik. Wenn die Eingeborenen schon auf einer gewissen Kulturstufe stehen, wie die Maoris in Neu-Seeland, oder wenn sie sehr roh und noch Barbaren sind, wie die Indianer in den Vereinigten Staaten von Nordamerika, so ist es noch viel schwieriger, diese Frage zur Zufriedenheit zu lösen.

Die Eingeborenen in unseren neu kolonisierten Gegenden, die sog. Ainus, besafsen früher den nördlichen Teil von Honshiu und führten häufig Krieg gegen den Kaiser, obgleich sie darin nicht viele Erfolge zu verzeichnen hatten. Mit der Vermehrung der Bevölkerung und mit der Ansiedlung der Japaner überhaupt, wurden die Eingeborenen nach und nach ganz nach dem Norden zurückgedrängt. Als die Matsumayé zu Lehnsfürsten von Jesso ernannt wurden und die Herrschaft in ihre Hände nahmen, beschränkten die Ainus sich auf diese Inseln. In dieser Zeit stellten die Eingeborenen einen noch gröfseren Prozentsatz der Einwohner in Jesso dar und zeigten feindliche Gesinnungen gegen die Matsumayé. Nur die kleinen Gebiete im Süden der Inseln kamen unter die unmittelbare Verwaltung der Lehnsfürsten, während der gröfsere Teil zur freien Verfügung der Eingeborenen blieb. Die Eingeborenen hatten gar keine Kenntnis vom Ackerbau, ihre einzige Beschäftigung war vielmehr Fischerei und Jagd, welche sie jedoch nur in einer sehr primitiven Art und Weise trieben. Sie hatten ihre Häuptlinge, unter deren Führung sie häufig gegen die Matsumayé rebellierten und diese belästigten.

Was die Matsumayé unter solchen Umständen dagegen hätten tun sollen, war, entweder die Eingeborenen mit Gewalt zu unterwerfen und sie in vollem Mafse unter ihre Herrschaft zu bringen, oder mit diplomatischem Geschick eine Verständigung mit den Häuptlingen herbeizuführen und die Eingeborenen allmählich an die japanische Kultur zu gewöhnen. Um die erstbeschriebene Art der Politik zu treiben, war die Macht der Matsumayé zu schwach, und für die zweite Art der Politik fehlte es den leitenden Männern eben an staatsmännischer Einsicht. Eine dritte Art der Taktik endlich wurde durch die Matsumayé aufgestellt und in folgender Weise durchgeführt.

Die Matsumayé verboten ihren Untertanen, den Eingeborenen die Sämereien der Getreide und den Reissamen zu geben, so dafs diese nicht Ackerbau treiben konnten; ferner war ihnen untersagt, sie die japanische Sprache zu lehren und ihre Kenntnisse zu fördern. Die Eingeborenen durften auch nicht japanische Kleidung tragen und japanische Kultur annehmen. Wenn irgend jemand diese Bestimmungen verletzte, wurde er schwer bestraft. Aufserdem bauten die Matsumayé Wachttürme an den Grenzen ihres Lehnsfürstentums, um den Verkehr zwischen Untertanen und Eingeborenen ganz genau kontrollieren zu können. Folgende drei Bestimmungen wurden in den drei Handelshäfen veröffentlicht:

1. war es nicht erlaubt, unmittelbar mit den Eingeborenen Handel zu treiben,
2. durfte man nicht ohne Genehmigung der Behörde in den Gebieten der Eingeborenen verkehren und
3. sollte man die Eingeborenen nicht mit scharfen Gewaltmafsregeln zu behandeln suchen.

Zuwiderhandlungen dieser Bestimmungen zogen schwere Folgen nach sich.

Diese Bestimmungen werfen ein klares Licht auf die Absicht der Regierung; die Eingeborenen sollten eben auf ihrer niedrigen Kulturstufe bleiben, damit sie leichter regiert werden könnten. Gleichzeitig sollte man aber gegen die Eingeborenen nicht mit roher Gewalt vorgehen, damit sich diese nicht gegen die aufgezwungene Herrschaft gewalttätig auflehnten. Tatsächlich war es eine mühelose Politik. Ein Land, welches fortgesetzt eine neutrale Stellung einnimmt, kann nicht in jeder Beziehung fortschreiten. Ein Land, welches dem Fortschritt huldigt, strebt stets in allen seinen Industrie- und Handelszweigen vorwärts.

Als die Tokugawa-Dynastie die Herrschaft aller Inseln in ihre Hand nahm, war es auch beinahe das Ende ihrer Herrschaft. Trotzdem war ihre Eingeborenenpolitik nicht so kurzsichtig wie diejenige der Matsumayé, sondern eine sehr weitsichtige. Unter der Herrschaft der Tokugawa-Dynastie wurde die vorher genannte zweite Art der Politik durchgeführt.

Durch die Gefahren, welche von fremden Mächten drohten,

bemühte sich die Tokugawa-Dynastie in eifrigster Weise, die Eingeborenen sich ihrer Herrschaft untertan zu machen; unter anderem hob sie das Verbot und die Beschränkung des Tausches und Verkehrs zwischen japanischen Untertanen und Eingeborenen auf, lehrte diese die Art des Ackerbaues, die verbesserte Methode der Fischerei und der Jagd, stationierte japanische Ärzte an verschiedenen Orten, in denen die Eingeborenen in großer Anzahl zusammenwohnten, gestattete ihnen die japanische Sprache zu lernen etc.

Diese humane Politik setzte die Regierung nach der Restauration noch weiter fort. Besonders im Anfang des neuen Regime lenkte sie ihre besondere Aufmerksamkeit auf diese Frage, weil die Eingeborenen auf den Inseln eine nicht unbedeutende Rolle spielten. Die humane Politik erstreckte sich sogar so weit, daſs die Regierung den Eingeborenen, denen Kindersegen zuteil wurde, fünf Jahre hindurch jährlich mit drei Säcken Reis (je 3,5 To) unterstützte, so daſs die Kinder gut ernährt wurden. Die Gemeindebeamten wurden beauftragt, sich über den Gesundheitszustand der Neugeborenen zu unterrichten, ob die Kinder gut gediehen; die Arbeit Schwangerer wurde verboten, die Adoption der Kinder und die Heirat mit den Eingeborenen in anderen Orten oder mit den Japanern erlaubt. Der Preis der Bärenpelze und -Galle, der Haupttauschartikel der Ainus, wurde festgesetzt, um Betrügereien zu vermeiden; es wurden die Häuser und Ackergeräte derjenigen versorgt, welche hier Ackerbau treiben wollten. Es war verboten, die neugeborenen Mädchen zu tätowieren, und den Männern, Ohrringe zu tragen; man sollte sich möglichst bestreben, die japanische Sprache zu lernen und die allgemeinen Kenntnisse zu erhöhen usw. Obgleich die Regierung in dieser Weise mit solcher Fürsorge sich der Eingeborenen annahm, ergab diese Politik wenig erfreuliche Erfolge, weil die Eingeborenen auf einer zu niedrigen Kulturstufe standen. Übrigens war die Regierung sehr damit beschäftigt, die Ansiedlung der Leute und die wirtschaftliche Entwicklung des Landes zu fördern. Sie verwandte ihre ganze Kraft auf diese Arbeit und vernachlässigte schlieſslich in gewissem Maſse darüber das Wohl der Eingeborenen. Je mehr die Japaner sich hier ansiedelten, desto mehr verloren die Eingeborenen ihre Bedeutung für die Entwicklung der Inseln. Es ist eine geschichtliche Tatsache, daſs, wenn zwei Völker zusammentreffen, das schwächere immer von dem kraftvolleren überwunden und allmählich von der Erde vertilgt wird. So ist es auch mit dem Schicksal der Ainus in Japan.

Vergleiche die Todes- und die Geburtsziffer, daraus entnehme man, daſs die Zahl fast unverändert bleibt.

Tabelle XXXIII. **Eingeborene.**

Jahre	Männliche	Weibliche	Zusammen
1872	7964	7311	15 275
1873	8167	8032	16 199
1874	8171	8160	16 331
1875	8547	8583	17 130
1876	8579	8598	17 177
1877	8483	8483	16 966
1878	8537	8521	17 058
1879	8513	8515	17 028
1880	8566	8575	17 141
1881	8476	8457	16 933
1882	8546	8652	17 198
1883	8554	8596	17 150
1884	9051	8778	17 829
1885	7516	7735	15 251
1886	8698	8762	17 460
1887	8437	8525	16 962
1888	8475	8587	17 062
1889	8251	8484	16 735
1890	8401	8707	17 108
1891	8502	8699	17 201
1892	8452	8696	17 148
1893	8513	8767	17 280
1894	8311	8625	16 936
1895	8500	8814	17 314
1896	8522	8878	17 400
1897	8230	8742	16 972
1898	8563	9010	17 573
1899	8297	8726	17 023
1900	8515	8783	17 298

Wenn man die Eingeborenen ihrem Schicksal überläfst, so werden sie ohne Zweifel in absehbarer Zeit einem traurigen Ende entgegengehen. Die Eingeborenen haben jetzt keine Bedeutung für das wirtschaftliche und nationale Interesse Japans. Beurteilt man diesen Stamm nur von diesem Standpunkt aus, so wird es zweckmäfsig sein, ihn seinem Schicksal zu überlassen. Aber die humane Gesinnung des Staates und des Volkes konnten es nicht über sich gewinnen, einem solchen Schicksal freien Lauf zu lassen. Diese Gedanken wurden zusammengefafst in ein Gesetz, welches im März 1899 veröffentlicht wurde und den Schutz der Eingeborenen in Hokkaido betraf. Es bezweckt, die wirtschaftliche Selbständigkeit der Eingeborenen zu unterstützen.

Die Haupterwerbszweige dieses Stammes sind Fischerei und Jagd; aber mit der Vermehrung der Bevölkerung auf den Inseln ist es fast unmöglich, von diesen Erwerbszweigen, die in denkbar primitivster Weise betrieben werden, sein Leben zu fristen. Das einzige Mittel, die Zukunft der Eingeborenen besser zu gestalten, besteht darin, dafs man sie zu einem ackerbautreibenden Volke erzieht. Nach dem Gesetz kann der Staat den Eingeborenen, welche Ackerbau treiben oder treiben wollen, ein Land bis zu 5 ha für eine Familie unentgeltlich übergeben; der Staat aber konfisziert wieder denjenigen Teil des Landes, welcher innerhalb 15 Jahren noch nicht urbar gemacht worden ist. Da die Eingeborenen so arm sind, dafs sie mit eigenem Kapital Ackerbau nicht treiben können, so unterstützt der Staat sie durch Schenkung von notwendigen landwirtschaftlichen Geräten und Sämereien. Wenn der Staat den Eingeborenen das freie Verfügungsrecht über das Land gestattete, so wäre es wohl denkbar, dafs sie aus eigenem Willen oder durch die Betrügereien anderer früher oder später das Land verlieren und wieder in den früheren besitzlosen Zustand zurückkehren werden. Um diesen unglücklichen Zuständen vorzubeugen, legt das Gesetz ziemlich scharfe Beschränkungen über das Verfügungsrecht des Grundeigentums fest, nämlich:

1. das Land kann zwar vererbt, aber darf nicht veräufsert werden;
2. es kann nicht mit Pfandrecht (d. h. Pfandrecht an unbeweglichen Sachen), Hypothek, Erbbaurecht oder Erbpacht belastet werden;
3. es kann nicht ohne Genehmigung des Gouverneurs des Hokkaido-Chō mit Dienstbarkeiten belastet werden, endlich
4. es kann nicht der Gegenstand des Zurückbehaltungsrechtes oder des Vorzugrechtes werden.

Um die Eingeborenen noch weiter zu unterstützen, ist das nach diesem Gesetz zuerteilte Land vor Ablauf von 30 Jahren, vom Zeitpunkt der Zuerteilung an, von den Grund- und Provinzialsteuern und von den Registriergebühren frei. Das Land, dessen Eigentumsrecht von vornherein einem Eingeborenen zusteht, kann auch, abgesehen von den Fällen der Vererbung, ohne Genehmigung des Gouverneurs des Hokkaidogouvernements weder veräufsert noch mit obengenanntem zweiten und dritten Rechte belastet werden.

Aufser dieser Unterstützung in bezug auf die Bodenbenutzung bestimmt das Gesetz noch weiter, dafs der Staat für diejenigen Eingeborenen, welche krank sind, aber auf eigene Kosten sich nicht pflegen können, die Arznei bezahlen kann. Diejenigen, welche noch in so jugendlichem Alter stehen oder so siech sind, dafs sie sich nicht ernähren können, werden auf Staatskosten unterhalten. Sterben diese Leute während der Unterstützungszeit, so kann der Staat die Begräbniskosten bezahlen. Aufser dieser karitativen Unterstützung aber kann der Staat, um den positiven Fortschritt der Eingeborenen zu förden, für die Kinder der armen Eingeborenen das Schulgeld zahlen und in irgendeiner Gegend, in welcher die Eingeborenen in Dörfern zusammenwohnen, auf seine Kosten die Volksschulen errichten und unterhalten. Für diese ganze Unterstützungstätigkeit genehmigte der Reichstag für das Rehnungsjahr 1901 die Summe von 5280 Yen. Trotz solcher humanen Handlungsweise ist es fast unvermeidlich, dafs dieser arme Stamm in dem traurigen Kampfe ums Dasein früher oder später von der Erde verschwinden und nur ein Studium der Ethnographen sein wird.

Schlufs.

Die bisherige und gegenwärtige Politik unserer inneren Kolonisation und ihre Ergebnisse haben wir eingehend geschildert. Daraus kann man wohl ersehen, dafs unsere innere Kolonisation, obgleich verschiedene Hindernisse auf dem Wege lagen, im grofsen und ganzen ein erfreuliches, lobenswertes Ergebnis gezeitigt hat.

Aber eine der wichtigsten Fragen sowohl für die Gegenwart wie auch für die Zukunft ist die, wie viele Einwohner sich auf den Inseln ernähren können. So wichtig diese Frage ist, so schwer ist es auch, dieselbe richtig zu beantworten. Man kann von verschiedenen Standpunkten aus sich in diese Frage vertiefen. Wenn man einfach die durchschnittliche Bevölkerungsdichtigkeit Japans, welche im Jahre 1900 auf 1 Quadratri 1765 Köpfe betrug, als Grundlage annimmt und daraus die Zahl der zukünftigen Einwohner in Hokkaido berechnet, so kann man 9 Millionen auf den Inseln, ausschliefslich der Kurilen, annehmen. Aber wenn man die Bevölkerungsdichtigkeit der Kinaigegend, welche in Japan am dichtesten bevölkert ist, zugrunde legt, so kann man von einer Einwohnerzahl von 30 Millionen träumen. Dies ist ohne Zweifel nur ein Luftschlofs.

In amtlichen Kreisen glaubt man, nach dem Vorbilde von sechs Regierungsbezirken in dem nordöstlichen Teil von Honshiu, welcher fast dasselbe Areal und ähnliche klimatische Verhältnisse hat, wie Hokkaido, auf sechs Millionen Einwohner hier rechnen zu können. Ob diese Annahme und die Grundlage dafür richtig ist, scheint mir ziemlich bedenklich.

Betrachten wir nun, in welchen wirtschaftlichen Verhältnissen sich diese sechs Regierungsbezirke befinden. Der Haupterwerbszweig in dieser Gegend ist die Landwirtschaft. Die Betriebsfläche ist hier etwas gröfser als in den mittleren und südlichen Teilen Japans, aber wegen der ungünstigen klimatischen Verhältnisse erntet man gewöhnlich nur einmal im Jahre, während in anderen Teilen eine zwei- oder dreimalige

Ernte vorkommt. Die Zustände der Landwirte sind so schlecht, daſs man ihren Betrieb tatsächlich eine Zwergwirtschaft oder Proletariarwirtschaft nennen kann. Sollen wir im „Lande der Zukunft“ [1] auch ein solch trauriges Schauspiel erleben? Nein. — Hokkaido, dessen Landwirtschaft und dessen agrarische Verhältnisse für den alten Teil Japans ein Muster werden können und müssen, darf nicht dem ungünstigen Beispiel folgen. Nach meiner Rechnung können sich höchstens vier Millionen Einwohner in Hokkaido ernähren, also $^1/_8$ weniger, als die Zahl der amtlichen Rechnung. Die Grundlage meiner Rechnung ist folgende: Nach den Untersuchungen der Sachverständigen vom Jahre 1888—1901 betrug das ausgesuchte Areal für die Ansiedlung in Hokkaido im ganzen 1587843 ha. Darunter sind 914023 ha für Ackerbau und 525283 ha für Viehzucht geeignet, für die übrigen 148537 ha sind groſse Meliorationsarbeiten nötig, ehe man darauf Landwirtschaft treiben kann. Aber wie schon betont, kann man, nach Ansicht der Sachverständigen, in Hokkaido 2,5—3 Millionen ha Land haben, welches mit oder ohne Melioration für die Landwirtschaft geeignet ist. Entsprechend dieser Ansicht nehmen wir an, daſs wir das doppelte Areal, wie das bisher ausgewählte, für die Landwirtschaft in Hokkaido haben können, d. h. für den Ackerbau 1,83 Millionen ha, für die Viehzucht 1,05 Millionen ha und für das der Melioration bedürftige 0,3 Millionen ha, also im ganzen 3,18 Millionen ha. Wir nehmen weiter an, daſs man diese 0,3 Millionen ha nach der Durchführung der Melioration auch in demselben Prozentsatz wie 183 : 105 für Ackerbau und Viehzucht brauchen kann. Dann bekommen wir als Ergebnis 2,02 Millionen ha für Ackerbau und 1,16 Millionen ha für Viehzucht.

Nun kommen wir zu einer weiteren Frage. Wieviel Landwirte müssen vorhanden sein, um auf diesen 3,16 Millionen ha Boden Landwirtschaft zu treiben? Wenn wir dafür als Einheit des Betriebes für Ackerbau 5 ha und für Viehzucht 10 ha annehmen, obgleich diese letzte Zahl zu klein ist, so kommen wir zu dem Resultat, daſs 520000 Familien erforderlich sind. Nehmen wir weiter die durchschnittliche Zahl von 4,3 der Familien Mitglieder der Ansiedler in den fünf Jahren von 1897—1901 als Grundlage an, so können wir auf 2,25 Millionen Landwirte in Hokkaido rechnen.

Wir müssen noch weiter erforschen, in welchem Verhältnis diese ländliche Bevölkerung zur städtischen Bevölkerung in Hokkaido stehen soll. Dafür ziehe ich die preuſsischen Verhältnisse in Betracht, unter der Voraussetzung, daſs Industrie

[1] S. Nitobé, a. a. O. S. 96.

und Handel in Hokkaido auch zu derselben Höhe wie in Preufsen emporgelangen werden. In Preufsen wohnten im Jahre 1900 57 % der Bevölkerung in den ländlichen Gemeinden und Gutsbezirken, während die übrigen 43 % in den städtischen Gemeinden ansässig waren. Nach diesem Beispiel kann Hokkaido 1,7 Millionen städtische Bevölkerung haben, das macht 3,95 Millionen Gesamtbevölkerung. Nach meiner Rechnung können demnach höchstens rund vier Millionen Einwohner sich in Hokkaido ernähren, also keineswegs eine so grofse Anzahl wie nach der Meinung in amtlichen Kreisen. Wenn der Staat seine zukünftige Politik dahin richtet, diese vier Millionen Einwohner in Hokkaido zu haben, so wird die Landwirtschaft hier nicht eine Zwerg- oder Proletariarwirtschaft werden, und Industrie und Handel werden emporblühen.

Hokkaido hat gegenwärtig schon eine Million Einwohner und kann noch drei Millionen mehr fassen. Wie viel Jahre noch nötig sind, diese Zahl zu erreichen, wollen wir im folgenden zu schätzen suchen.

Wenn man die Zahl der Ansiedler pro Jahr auf 50 000 Köpfe und die natürliche Vermehrung der Bevölkerung auf 1,79 % der anwesenden Einwohner einnimmt, so mufs man noch 33 Jahre warten, bis die Zahl der Einwohner in Hokkaido ihre maximale Grenze erreichen kann.

Blicken wir einmal auf die Bevölkerungsverhältnisse in ganz Japan. Die Gesamtbevölkerung betrug im Jahre 1899 44 260 604 und ihre Dichtigkeit war pro Quadratri 1783. In bezug auf den letzten Punkt gehen nur drei Länder der zivilisierten Mächte vor Japan voran, nämlich: Belgien, die Niederlande und Grofsbritannien. Die jährliche Vermehrung beträgt rund ½ Million. Aber es gibt eigentlich fast keinen Platz mehr auf dem Lande, diesen Bevölkerungsüberschufs zu ernähren. Der beste und geeignetste Ort ist gegenwärtig Hokkaido. Vom Standpunkt der Bevölkerungsfrage Japans aus ist nur zu wünschen, dafs der Staat in tunlichster Weise die Ansiedlung fördert und die Verteilung des urbar zu machenden Landes vereinfacht, um die überschüssigen Einwohner hier zur Ansiedlung zu bewegen und sie so ihrem Vaterlande zu erhalten.

Aber wie gesagt kann Hokkaido nicht mehr als weitere drei Millionen fassen. Die Zahl entspricht der Vermehrung der Bevölkerung innerhalb von sechs Jahren in ganz Japan. Für die weitere Zukunft entsteht die Frage, wie man sich diesem Bevölkerungszuwachs anzupassen hat. Nach meiner Ansicht gibt es nur zwei Mittel, nämlich: Förderung der Industrie einerseits und der Auswanderung andererseits.

Aber wohin soll man die Auswanderung lenken? Das ist eine dringende, wirtschaftspolitische, ja eine nationale Frage.

Die wichtigste Wirtschaftspolitik Japans in der Gegenwart und Zukunft ist ohne Zweifel die Kolonialpolitik.

Der Bootsmann winkt —
  Zieht hin in Frieden!
Gott schütz' euch, Mann und Weib und Greis!
Sei Freude eurer Brust beschieden,
Und euren Feldern Reis und Mais!

(Freiligrath.)

Pierersche Hofbuchdruckerei Stephan Geibel & Co. in Altenburg.

Kolibri 360 GmbH
Ferdinand-Jühlke-Straße 7
99095 Erfurt, Deutschland
produktsicherheit@kolibri360.de

Druck:
CPI Druckdienstleistungen GmbH
im Auftrag der
Kolibri 360 GmbH
Ferdinand-Jühlke-Str. 7
99095 Erfurt